社交新零售

SOCIAL NEW RETAIL

爆发式增长和私域流量裂变的低成本路径

殷中军·著

中国经济出版社
CHINA ECONOMIC PUBLISHING HOUSE

·北京·

图书在版编目（CIP）数据

社交新零售：爆发式增长和私域流量裂变的低成本路径 / 殷中军著．—北京：中国经济出版社，2020.4

ISBN 978－7－5136－1528－0

Ⅰ.①社… Ⅱ.①殷… Ⅲ.①零售商业－商业模式－案例 Ⅳ.① F713.32

中国版本图书馆 CIP 数据核字（2019）第 288197 号

策划编辑　崔姜薇
责任编辑　王建昌
责任印制　马小宾
封面设计　任燕飞装帧设计工作室

出版发行	中国经济出版社
印　刷　者	北京富泰印刷有限责任公司
经　销　者	各地新华书店
开　　　本	710mm×1000mm　1/16
印　　　张	16.25
字　　　数	230 千字
版　　　次	2020 年 4 月第 1 版
印　　　次	2020 年 4 月第 1 次
定　　　价	58.00 元

广告经营许可证　京西工商广字第 8179 号

中国经济出版社 网址 www.economyph.com 社址 北京市东城区安定门外大街 58 号 邮编 100011
本版图书如存在印装质量问题，请与本社销售中心联系调换（联系电话：010－57512564）

版权所有　盗版必究（举报电话：010－57512600）
国家版权局反盗版举报中心（举报电话：12390）　　服务热线：010－57512564

提升零售效率,降低用户增长和私域流量裂变的成本

成功的社交战略具有四个特征:其一,降低企业的成本或提升客户的购买意愿;其二,帮助客户建立或加强关系;其三,可以鼓励客户免费或低价为企业贡献自己的智慧;其四,让客户参与到零售中。

前三点是北京大学教授、《北大商业评论》副主编胡泳教授提出的,而第四点是本人补充的,依据是这些年消费商的发展以及《阿里研究院新零售研究报告》中提到的"人人零售"。

在新零售迅猛发展的时代,吸人眼球的新商业形态仍然在不断涌现。这其中社交电商吸引了众多资本的关注,也吸引了我。但在研究社交电商的过程中,我的目光又不自觉地被马云、雷军等"电商大佬"提出的新零售所牵引。

在这期间,很多民间机构开始提出社交新零售的说法,并推动这一新生事物往前发展。我向来喜欢研究和实践新生事物,对社交新零售也不例外。在研究和实践的过程中,我发现社交新零售其实远比一些培训机构、民间组织口中所提的"社交新零售"内涵和外延要深厚得多,它涉及的领域更为广泛。它是基于线上线下社交网络的社交商业与新零售充分交融演化的产物，而上文所指的社交新零售其实只是它的一个分支。

我开始兴奋起来，觉得自己有必要将社交新零售的概念、发展历程、进化路径认真梳理出来，以推动这个行业的成熟和规范。

此外，正如我在另一本关于"社交电商"主题的书中所提到的，现在社会上出现了一个备受关注的现象：线下零售面临线上零售的冲击，生存压力倍增。线上零售在经历高速发展的阶段后，开始面临流量获取的成本日益攀升的困境。在这种环境下，阿里巴巴、京东等传统电商平台开始纷纷布局线下，提出新零售这个概念。其本质是向线下要流量，只不过是在互联网的武装下。

然而，另一个现象又出现了，阿里巴巴、京东等巨头能布局新零售，是因为它们在资金、流量、技术、人才等方面具备明显的优势和实力，而广大的中小企业和传统电商卖家显然不具备这些优势。这就意味着对于中国数量庞大的中小企业和商家而言，新零售未必靠谱。新零售是大资本玩的游戏，中小玩家玩不起。广大中小企业转型的迫切心态能理解，但转型过程中不能简单地模仿阿里巴巴、京东等玩家。

那怎么办？难道就一动不动，或者完全放弃新零售这个跑道？那也未必。在本书中，我会提供三种更适合中小企业和商家转型的可行路径，其中一种是转型社交新零售。这也是我认真研究完社交新零售后得出的结论。对中小企业而言，建立在企业社交战略基础上的社交新零售，在社交红利的助力下，除了能让企业获得本文开头提到的四大益处，还可以提升零售效率，帮助广大企业降低风险，借助社交网络获客拉新、裂变客户，甚至倍增渠道。

本书首次提出了"社交新零售"的完整定义和发展路径，其主要分为以下五部分（如下图所示），适于广大零售企业管理者、传统企业管理者、中小微企业创业者、电商卖家以及对社交新零售、社交商业

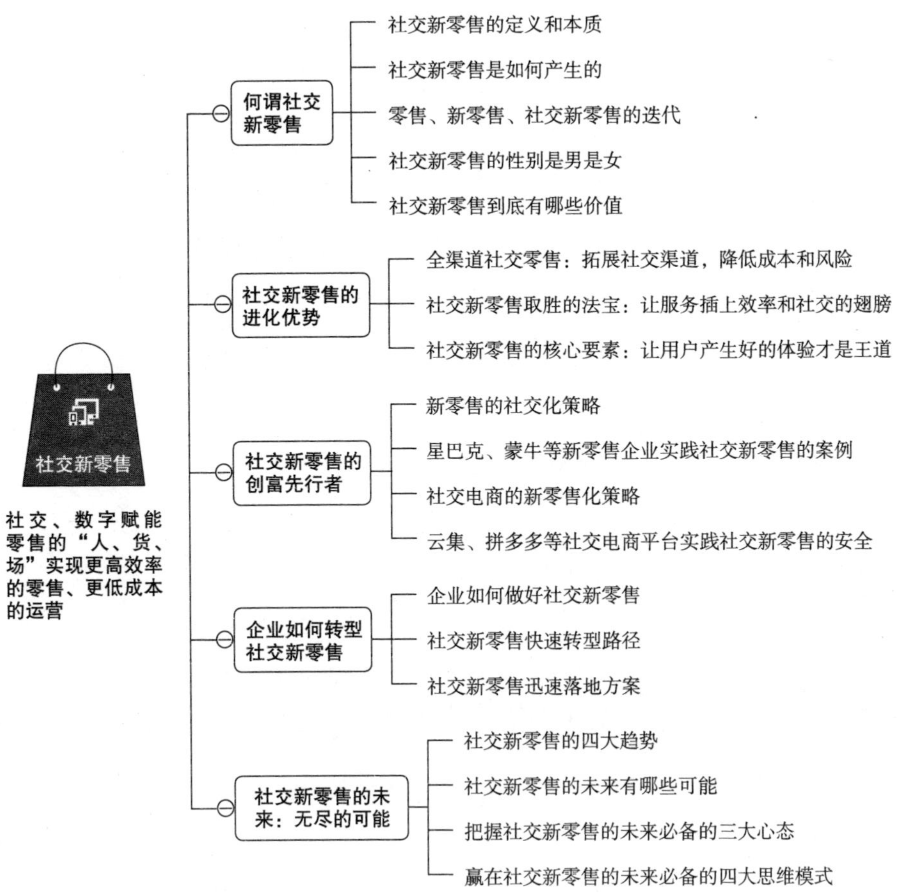

前言

```
社交新零售
├─ 何谓社交新零售
│  ├─ 社交新零售的定义和本质
│  ├─ 社交新零售是如何产生的
│  ├─ 零售、新零售、社交新零售的迭代
│  ├─ 社交新零售的性别是男是女
│  └─ 社交新零售到底有哪些价值
├─ 社交新零售的进化优势
│  ├─ 全渠道社交零售：拓展社交渠道，降低成本和风险
│  ├─ 社交新零售取胜的法宝：让服务插上效率和社交的翅膀
│  └─ 社交新零售的核心要素：让用户产生好的体验才是王道
├─ 社交新零售的创富先行者
│  ├─ 新零售的社交化策略
│  ├─ 星巴克、蒙牛等新零售企业实践社交新零售的案例
│  ├─ 社交电商的新零售化策略
│  └─ 云集、拼多多等社交电商平台实践社交新零售的安全
├─ 企业如何转型社交新零售
│  ├─ 企业如何做好社交新零售
│  ├─ 社交新零售快速转型路径
│  └─ 社交新零售迅速落地方案
└─ 社交新零售的未来：无尽的可能
   ├─ 社交新零售的四大趋势
   ├─ 社交新零售的未来有哪些可能
   ├─ 把握社交新零售的未来必备的三大心态
   └─ 赢在社交新零售的未来必备的四大思维模式
```

社交、数字赋能零售的"人、货、场"实现更高效率的零售、更低成本的运营

感兴趣的朋友和研究者们进行阅读和参考。

知史以明鉴，察古而知今。弄清楚社交新零售的发展历程及转型方案，我们方能知道如何把握社交新零售这个新兴的商业模式，在创业路上少走一些弯路。

2020年1月于南京

第1章 社交新零售简史   1

1.1 社交新零售的定义和本质   2
- 1.1.1 社交新零售的定义   2
- 1.1.2 社交新零售的本质   3

1.2 社交商业与社交新零售的前世今生   4
- 1.2.1 什么是社交商业和消费商   4
- 1.2.2 社交商业高速发展的原因   7
- 1.2.3 社交新零售是新零售与社交商业充分融合的产物   9

1.3 零售、新零售、社交新零售的迭代   9
- 1.3.1 社交新零售是五次零售变革的产物   9
- 1.3.2 零售、新零售、社交新零售的异同   14

1.4 社交新零售的"性别"是男是女   16
- 1.4.1 从消费者维度看社交新零售的"性别"   17
- 1.4.2 从消费商维度看社交新零售的"性别"   18

1.5 社交新零售有哪些价值   21
- 1.5.1 社交新零售对客户的价值   21
- 1.5.2 社交新零售对企业的价值   23

第2章 全渠道社交零售：拓展社交渠道，降低成本和风险　25

2.1 全渠道零售简史　25
- 2.1.1 全渠道零售的发展历程　26
- 2.1.2 全渠道零售的两个核心　27

2.2 全渠道社交零售：新零售时代线上线下的渠道革命　29
- 2.2.1 线上零售为什么能迅速发展　29
- 2.2.2 线下零售如何破解线上零售　32
- 2.2.3 社交新零售时代线上线下如何才能双赢　35

2.3 社交化是全渠道零售的必然　41
- 2.3.1 全渠道零售的社交化趋势　42
- 2.3.2 如何快速发展种子渠道商　43
- 2.3.3 利用现有渠道裂变渠道商　44

2.4 世界500强小米的全渠道社交零售：提升坪效，融入社交渠道　45
- 2.4.1 小米的渠道革命：打通全渠道零售　46
- 2.4.2 线上板块：从小米商城到小米有品　46
- 2.4.3 线下板块：加速发展线下小米之家　47
- 2.4.4 社交板块：小米新零售的社交战略　48

2.5 独角兽孩子王的全渠道社交零售：促进私域流量的变现和增值　51
- 2.5.1 线下门店：客户数字化＋员工IP化　51
- 2.5.2 线上平台：PC端、移动端全布局　56
- 2.5.3 线上＋线下：渠道数字化赋能零售　58
- 2.5.4 社交化服务：放大客户的终身价值　59
- 2.5.5 社交玩法：获客拉新、裂变社交渠道　60
- 2.5.6 孩子王社交新零售的组织结构优势　61
- 2.5.7 全渠道覆盖，打造企业私域流量池　62

第3章 社交新零售的取胜法宝：让服务插上效率和社交的翅膀　　64

3.1 服务营销为什么重要　　64
- 3.1.1 马云：新零售不是卖东西，而是服务好客户　　64
- 3.1.2 效益之源：社交新零售时代更加重视服务　　65
- 3.1.3 无处不服务：让你的服务处处可见　　67

3.2 客户服务中，导致客户不满意的六大因素　　68
- 3.2.1 客户不满意的因素一：态度太冷漠　　69
- 3.2.2 客户不满意的因素二：反应太迟钝　　70
- 3.2.3 客户不满意的因素三：承诺太多了　　71
- 3.2.4 客户不满意的因素四：太急于销售　　73
- 3.2.5 客户不满意的因素五：形象不专业　　74
- 3.2.6 客户不满意的因素六：售后服务差　　75

3.3 社交新零售服务：社交化、无缝衔接、随时待命　　75
- 3.3.1 社交化服务：建立有温度的情感联结　　76
- 3.3.2 无缝衔接：PC端+移动端+线下+智能　　77
- 3.3.3 随时待命：24小时随心随意享受服务　　77

3.4 索尼的社交化：如何利用社交网络做好客户服务　　78
- 3.4.1 联合社交渠道，开展客户支持服务　　79
- 3.4.2 利用社交网络高效解决客户的问题　　79
- 3.4.3 及时关注，解决问题，捕捉新商机　　80
- 3.4.4 社交互动是社交化客户服务的核心　　80

3.5 蒙牛社交新零售的全渠道服务：抓牢合作伙伴的心　　81
- 3.5.1 共享品牌资源，助力经销商发展　　83
- 3.5.2 分群分层服务，实现服务精准化　　84
- 3.5.3 线上线下联合培训，帮助经销商迅速成长　　85
- 3.5.4 虚实结合，用7种方式让服务效果最大化　　86

第4章 社交新零售的核心：精准体验营销留住消费者的心　90

4.1 如何创造超出消费者预期的社交新零售体验　90
4.1.1 社交内容是社交新零售体验的核心　90
4.1.2 功能、内容、服务统一于场景体验　94
4.1.3 付费体验：付出成本的体验更值钱　95

4.2 全域体验：如何玩转社交化体验营销　98
4.2.1 精准定位，做好体验式营销的重要基础　100
4.2.2 全渠道布局，满足客户的社交体验需求　100
4.2.3 良好体验，满足消费升级后客户的需求　101
4.2.4 情感社交，精耕细作培养客户终身价值　102
4.2.5 社交化场景体验，激发客户的潜在需求　103

4.3 迪士尼体验：完美体验超出顾客预期　104
4.3.1 员工亲身体验，用社交发现问题　104
4.3.2 前后保持一致，避免人设的崩塌　104
4.3.3 针对不同感官，营造多维度体验　105
4.3.4 运用峰终定律，让顾客芳心暗许　106

4.4 小米体验：如何做好社交化服务体验　106
4.4.1 小米的商业模式决定了服务是核心竞争力　107
4.4.2 人比制度更重要：有了人心便拥有了一切　108
4.4.3 天下武功，唯快不破：用"快"征服客户的心　109
4.4.4 "7×24小时"在线服务：客户在哪服务就到哪　110
4.4.5 联合办公：不断提升服务效率　111
4.4.6 会作诗的妹子客服就是不一样　112
4.4.7 标准化和非标准化让体验更走心　112

目录

第5章 社交新零售的实战策略：共享经济下的创富先行者 114

5.1 新零售的社交化策略：渠道革命已来 115
- 5.1.1 发挥自有优势，加快社交化进程 115
- 5.1.2 融入社交元素，让营销和服务更有温度 116
- 5.1.3 拓展社交渠道，有效降低运营成本和风险 117

5.2 社交电商的新零售化策略：新跑道机会多 118
- 5.2.1 新跑道机会多：打好社交牌 118
- 5.2.2 优化物流仓储：智慧物流更高效 120
- 5.2.3 拓展全渠道：让服务体验更高效 121

5.3 星巴克新零售的社交化：将数字与社交合二为一 122
- 5.3.1 星巴克的新零售战略 122
- 5.3.2 星巴克的社交新零售 123
- 5.3.3 星巴克中国的社交新零售 126
- 5.3.4 星巴克社交新零售启示录 128

5.4 蒙牛社交新零售：传统企业如何转型社交新零售 129
- 5.4.1 蒙牛社交新零售发展简史 129
- 5.4.2 蒙牛社交新零售给中小企业的启示 131

5.5 云集的新零售化：社交电商鼻祖重构"人、货、场" 133
- 5.5.1 云集社交新零售如何提升场效 135
- 5.5.2 云集社交新零售如何提升人效 138
- 5.5.3 云集社交新零售如何提升货效 140

5.6 拼多多的新零售化：与阿里、京东的竞争火力全开 142
- 5.6.1 拼多多重构"人、货、场" 142
- 5.6.2 AI新零售：开启社交电商的智能时代 143
- 5.6.3 优质低价：打通全产业链，控制供应链成本 144

第6章 如何转型社交新零售：传统企业和传统电商快速转型路径   147

6.1 如日中天的新零售靠谱吗   147
- 6.1.1 新零售到底靠不靠谱   147
- 6.1.2 中小企业和商家转型的可行思路   148

6.2 企业如何才能做好社交新零售   150
- 6.2.1 企业转型社交新零售的五步落地战略   150
- 6.2.2 企业做好社交新零售的五大关键环节   155

6.3 社交时代企业如何搭建私域流量池   163
- 6.3.1 做好全渠道营销实现精准传播和获客   164
- 6.3.2 企业如何有效获取低成本的社交流量   165

6.4 企业快速裂变私域流量与爆发式增长的方法论   167
- 6.4.1 新流量：口碑经济   168
- 6.4.2 转化率：社群经济   170
- 6.4.3 客单价：单客经济   170
- 6.4.4 复购率：会员经济   171

第7章 社交新零售迅速落地方案：社交新零售企业爆发式增长攻略   173

7.1 社交传播：社交时代企业低成本营销的武器   173
- 7.1.1 如何利用社交媒体扩大影响力   174
- 7.1.2 小米：如何借助社交媒体崛起   175

7.2 社交获客：如何借助社交营销精准高效获客   179
- 7.2.1 用社交营销霸屏大量吸客   179
- 7.2.2 跟杜蕾斯学习玩转社交营销的秘诀   184

7.3 客户裂变：如何用1个客户引来5个新客户   187
- 7.3.1 企业成功社交裂变私域流量的三大环节   188

7.3.2　企业快速裂变私域流量的七种社交玩法　191
7.4　社交留存：如何用社交策略让客户不愿离开　195
7.4.1　遵循人性，建立留人机制　195
7.4.2　借助社交化内容增强黏性　198
7.5　社交化社群运营：更符合社交新零售的场景体验　200
7.5.1　社交化社群必备的五大要素　201
7.5.2　社交化社群运营及服务的方法　204
7.5.3　社交玩法提升社群效率，增强黏性和转化率　207
7.5.4　社交化智慧门店：5G体验中心＋社群服务培训　209
7.5.5　耐克：打造社交化数字化跑步社群，提升黏性　210

第8章　社交新零售的未来：无尽的可能　213

8.1　社交新零售发展的四大趋势　213
8.1.1　全渠道社交零售：势不可当，成为标配　214
8.1.2　与社区新零售融合：充满了想象的空间　214
8.1.3　与社群新零售融合：将客户转化为品牌资产　216
8.1.4　与私域流量池融合：拓展企业的私域电商渠道　217
8.2　社交新零售的未来有哪些可能　218
8.2.1　更科技、更智能、更人性　218
8.2.2　构建社交新零售的生态体系　220
8.2.3　社交新零售成为独立的商业模式　220
8.2.4　5G时代的社交新零售变革："榨干"客户　222
8.2.5　区块链＋社交新零售：引领零售行业革命　228
8.3　把握社交新零售未来必备的三大心态　232
8.3.1　分享心态：越分享越值钱　233

8.3.2	合作心态：客户成为盟友	235
8.3.3	农耕心态：让事业更长青	236

8.4 赢在社交新零售未来必备的四大思维模式　　236

8.4.1	社交思维：让口碑被疯传	237
8.4.2	换位思维：让客户黏上你	239
8.4.3	本质思维：以不变应万变	241
8.4.4	进化思维：成为未来赢家	242

后记　零售的进化，永不停止　　245

第1章 社交新零售简史

马云和雷军都在2016年提出了"新零售"的概念。

2016年10月的杭州云栖大会上,马云说:"我认为电子商务没有冲击传统商业,更没有打击传统商业,真正冲击各行各业,冲击就业,冲击传统行业的是昨天的思想,是对未来的无知,对未来的不拥抱。"

同时,马云还提出了一个新零售概念:"纯电商时代很快会结束,未来的十年、二十年,没有电子商务这一说,只有新零售这一说,也就是说线上线下和物流必须结合在一起,才能诞生真正的新零售,线下的企业必须走到线上去,线上的企业必须走到线下来,线上线下加上现代物流合在一起,才能真正创造出新的零售。"马云所说的新零售是"线上+线下"这种新型高效的全渠道零售模式。

小米创始人雷军也用一句话诠释了他心中的新零售:"通过线上线下互动融合的运营方式,将电商的经验和优势发挥到实体零售中,改善购物体验,提升流通效率,将质高价优、货真价实的产品卖到消费者手里,以此实现消费升级的创新零售模式。"

京东创始人刘强东不甘人后,很快指出:第四次零售革命,其本质是没有边界的零售，即"无界零售"。

不管围绕新零售的争论有多火爆，有一个不争的事实是，眼下新零售已为越来越多的人所接受，成为商界的共识和焦点。

随着新零售的发展，另一个颇具活力的新商业形态也应运而生，这就是新零售与社交商业交融的产物——社交新零售。

1.1 社交新零售的定义和本质

定义是对某个概念的系统阐述，而本质则是透过表象看到事物的核心精髓，便于更好地把握它和实践它。

在理解和实践社交新零售之前，先来理解社交新零售的定义和本质。

1.1.1 社交新零售的定义

现在很多企业、民间组织提出的社交新零售，其实更偏向于社交电商的新零售化。但经过长期思考和研究，我发现社交新零售的出现其实是多方演变、进化的结果，即新零售的社交化、社交电商的新零售化、传统零售的社交新零售化皆有。

新零售的社交化：阿里巴巴、京东、小米、蒙牛、娃哈哈、星巴克、屈臣氏、瑞幸咖啡、东阿阿胶等新零售企业，在转型新零售的过程中，将社交元素融入企业的发展和运营中，借助社交网络，裂变自己的消费者及社交渠道（消费商）。

社交电商的新零售化：云集、贝店、蜜芽、拼多多、每日一淘等社交电商平台，以社交起家，借助分享、分销等模式迅速壮大，用低成本的运营方式发展出庞大的客户群及社交渠道（消费商）。随着新零售的发展，为了实现更高效率的零售，这些企业结合了新零售的优势，升级为社交新零售品牌。移动互联网时代各种社交工具的发展是该类型社交新零售企业出现的基石，社交是其内核。

传统零售的社交新零售化：传统零售企业在转型过程中，遇到社交新零售，借助社交新零售模式的优势武装自己，布局全渠道，加强线上板块、线下板块、社交板块，它们在获客拉新、开拓新渠道时会融入更多社交元素，并且充分发挥社交网络的优势提高零售效率，降低运营成本，实现爆发式增长与私域流量裂变。当下很多中小企业、传统电商商家已意识到社交新零售的潜力和重要性，开始直接采用社交新零售玩法实现转型升级。

由此，便诞生了社交电商与新零售融合演变而来的新物种——社交新零售。所谓社交新零售，是一种基于社交网络而迅速发展的新型零售模式，是一种集天网（线上）、地网（线下）、人网（社交网络）三网合一的新型商业模式。

1.1.2 社交新零售的本质

社交新零售围绕消费者、消费商两个维度展开，围绕着"人、货、场"三要素，融入社交元素，实现更低成本的获客，更高效率的零售（消费者维度），更低成本的运营（消费商维度）。

随着社交新零售的不断迭代升级，其最终将实现线上板块、线下板块、社交板块的无缝衔接、无界融合，帮助消费者获得更高的购物效率，更好的体验性、即得性、便捷性，帮助企业用更低的运营成本获得更高的收益。

社交新零售从业者也可以称为消费商、经营者，用公式表示，社交新零售从业者=消费者+分享者+服务者+创业者+线上、线下、社交渠道。

社交新零售将成为主流的商业模式。未来，社交新零售企业发展的核心方向是，用优质的产品和服务，融入更多社交元素，提升消费者的体验性，其购物模式以"线下体验、线上购物"为主。

简言之，新零售的本质是，更高效率的零售。

社交新零售的本质是，更高效率的零售，更低成本的运营。

在介绍完社交新零售的定义和本质后，有几个问题还需要阐述清楚：社交新零售是如何产生的？它与社交商业是什么关系？社交新零售与四次零售革命有什么关联？零售、新零售、社交新零售之间有什么异同？社交新零售到底有没有性别？如果有，是男是女？社交新零售对消费者和企业分别有哪些价值？

1.2　社交商业与社交新零售的前世今生

这几年火爆异常的区块链、社交电商、社交新零售，其背后都有一个共同的身影，那就是社交网络。随着Facebook（脸谱）、Twitter（推特）、LinkedIn（领英）、YouTube、微博、微信等全球社交网络的发展和成熟，社交与商业的融合已经成为必然，无论是社交的商业化，还是商业的社交化，都将对全球商业形态产生巨大影响。

要想更快地了解社交新零售，我们首先要弄清楚什么是社交商业和消费商。

1.2.1　什么是社交商业和消费商

1. 社交商业

你想在社交电商平台小红书上购买一款卡西欧的手表，在买之前，你先看了留言区的评论，发现总体口碑不错，于是将它放到了购物车内。某天你发现某个你很喜欢的女主播在推荐这款手表，于是你第一时间在小红书商城下单购买了这款手表。

夏天到了，你想减肥。在微信朋友圈你看到有微友在卖一款瘦瘦包。她在朋友圈发了这款瘦瘦包的功能介绍、客户见证。你看了很心动，但你听说朋友圈假货很多，便没敢购买。有一天，你发现你的大学同学韩梅梅在朋友圈晒靓照，她已经由一个胖妹子变成了一个"窈窕淑女"。你很好奇，问她是怎么瘦下来的。韩梅梅说她一直在用某款瘦瘦包，然后将卖瘦瘦包的菲菲的微信号推送给了你。你于是从菲菲那边购买了一些瘦瘦包。

上述就是社交商业场景下消费者的社交购物过程。所谓"社交购物"，就是你围绕你身边的社交网络进行购物、分享的行为，它充分发挥了人的作用，通过人与人的连接为购物行为增加了信任背书和客户黏性。社交购物围绕的社交网络，里面的人不一定是你认识的人，也可能是你很认可的KOL[①]（意见领袖），他们主要起着信任背书和精神导师的作用。而上述的社交网络可以是你自己组建的社交圈，也可以是你参与的社交网络。

社交购物已经成为全球的大趋势，并且影响力与日俱增。Poshmark是美国的一家电商企业，短短几年内成了一家火遍美国、市值超过6亿美元的大企业，而在创立之初，它只是一个普通的二手服装交易平台。Poshmark之所以能迅速崛起，是源于社交购物以及社交商业的巨大商业活力。

了解了社交购物，便很容易理解社交商业了。所谓"社交商业"，就是社交网络与传统商业融合的产物。广义上的社交商业，是指一切基于社交网络的商业形态。这种社交商业包括了线上和线下。前者如社交电商，后者如

[①] KOL，一般指拥有一定专业度和更多、更准确的产品信息，且为相关群体所接受或信任，并对该群体的购买行为产生较大影响的人。比如日常中的微博大V、知名公众号、网红、某个行业的专家等。

体验式社交零售。而社交新零售则是线上和线下社交商业的综合体。严格意义上，直销也是社交商业的一种，它借助人与人之间线下社交网络的分享促进销售，甚至可以说直销是社交电商的鼻祖。而狭义的社交商业，则是指基于线上社交网络来创造商业价值的商业模式（参考埃弗雷姆·特班等学者的著作《社交商务：营销、技术与管理》）。典型的代表便是社交电商。

表1-1阐述了社交商业与传统商业、电子商务之间的主要区别。

表1-1　社交商业与传统商业、电子商务的区别

商业类型参数	传统商业	电子商务	社交商业
顾客核心需求	体验性、可信性、即得性	高效性、便捷性、跨度性	情感体验
产品信息	产品上的产品描述	网站上的产品描述	网站上的产品描述+消费者的产品评价+分享推荐
内容来源	企业通过传统媒体发布	企业发布	企业发布+客户生成+客户分享
生产方式	工业生产	全球生产	按需定制、柔性供应链、消费者逆向牵引生产方式
零售渠道	线下零售	线上零售	线上零售+线下零售以社交平台等多渠道零售为主
营销方式	线下营销	线上营销	社交营销
竞争要素	产品品质、品牌影响力	高性价比、促销活动	客户经营、情感联结
竞争优势	体验性、可信性、即得性	高效性、便捷性、跨度性	体验性、可信性、高效性、便捷性、跨度性
人、货、场	围绕"人、货、场"，是人找货	围绕"人、货、场"，是人找货	围绕"人、货、场"，是货找人

2. 消费商

谈完社交商业，再说一个基于社交商业环境下的概念，那就是消费商。这个概念最早由国外的学者提出，而在中国则是由刘茂才、庞博夫这两名知

名经济学家在《创富新思维：消费商时代》一书中提出和完善。所谓消费商，顾名思义，就是消费的商人。消费商有两种身份，一种是消费者；另一种是经营者（商人）。简言之，就是消费者在消费的过程中，通过社交分享自己消费的产品获益。现在很火的社交电商从业者都属于消费商。他们与企业和平台合作，将自己消费后觉得不错的产品分享给朋友圈的好友，获得一定的回报。

共享经济是社交商业发展的产物，而消费商则是共享经济时代消费者主导生产和商品流通以及消费方式逆向牵引生产方式这一变革的产物。消费商产生的基础是消费者数字化程度增强、购物路径全渠道化、社交网络日益成熟。在这个大趋势下，阿里研究院发布的《阿里研究院新零售研究报告》甚至指出，未来将是人人零售的时代，即消费者高度参与到零售中，不单纯只是消费，还可以从中获利。严格意义上，消费商是人人零售的一种形态。

在此，我们可以重新定义共享经济时代、社交时代的消费者与消费商。

消费者：只消费，不参与商品交易的人。

消费商：集消费者和经营者于一身的人。

1.2.2 社交商业高速发展的原因

之所以这几年社交商业、社交购物在中国乃至全球开始兴盛，是因为它具备了以下几大基础条件。

1. 存在社交的土壤

人是喜欢群居的社会性动物，一直有社交的需求。在物质还没有那么发达的年代，串门是社交的一种主要方式。改革开放后，中国经济高速发展，很多人喜欢一边消费一边社交。但线下社交虽然信任性、体验性不错，但毕竟受距离和时间限制，与商业的融合度有限。此时，社交商业一直在等待合适的机会爆发。

2. 社交网络等新技术的发展

随着社交网络、数字化网络等新技术的发展和成熟，科技给社交插上了效率的翅膀，此时，社交突破了时间和空间的限制，变得无比方便和快捷。

对消费者来说，他与企业和商家的连接、互动更为方便。而企业和商家则借助社交网络，找到了一条可以更便捷地为消费者提供商品、服务、体验的路径。自此，社交网络与商业充分融合，让消费者在消费时能够享受更多富有人性化、情感化的服务和体验。

3. 新消费观的出现

随着经济的发展、科技的发达、物质的日益丰富，消费者的消费观念发生了巨大的变化，传统的"人找货"商业模式变成了"货找人"模式。

新消费时代，作为消费主力军之一的90后买的不是便宜，买的是"不同"，是共鸣，是背后的社交和走心。汉森供应链董事长黄刚曾说，当下的商业里，如果产品在互联网上缺乏社交属性，被消费者抛弃是必然的，这是时代的趋势使然。

在购物时，消费者更想购买个性化、高品质、高性价比、高体验性的产品和服务，而社交商业借助社交网络这对翅膀，能帮助消费者购买到高性价比、高体验性、高品质的产品，而且消费过程中，消费者能享受到人性化、有互动、有温度的服务，获得不同于传统零售提供的体验，这就进一步促进了社交商业的发展。

同时，一部分消费者愿意将自己消费的好产品分享到自己的社交网络中，让社交圈好友受益的同时自己也能获得收益，这部分消费者成了消费商（经营者）。

1.2.3 社交新零售是新零售与社交商业充分融合的产物

社交新零售是社交商业的一种,是社交商业高度发达的情况下,新零售与社交商业充分融合的进化产物。

对社交新零售从业者来说,社交对产品的销售和企业的发展起着日渐重要的作用。一是企业和商家可以借助社交网络低成本获客拉新,通过转化和留存,企业和商家可以积累和裂变私域流量。二是随着微信、微博、抖音、小红书等社交平台的发力,社交与新零售的融合程度会加大,这就给企业和商家带来了更多的社交商业机会。三是企业和商家可以借助社交网络拓展自己的社交渠道,发展自己的合作伙伴,甚至可以将消费者直接转化为消费商,在此基础上双方可以加强彼此的社会化协作。这将帮助企业和商家减少人力、广告、渠道等方面的资源和资金投入。在一定程度上可以大大降低企业和商家的运营成本、营销成本及创业风险。对企业、商家,对消费者,是一种双赢。

1.3 零售、新零售、社交新零售的迭代

在了解了社交新零售的演化背景之后,接下来再来理解社交新零售诞生之前的几次零售变革,以及零售、新零售、社交新零售的异同。

1.3.1 社交新零售是五次零售变革的产物

新零售是随着时代、科技的发展不断发展、进化的。不同时代,新零售有着不同的诠释和代表。

其实新零售在过去几十年内,每隔8~10年就会被重新提起和讨论,每次

都会对当时的零售业态造成冲击，只是冲击的程度有所不同。

1. 第一次：民营零售对国有零售的冲击

在中国改革开放之前，中国的零售基本属于国有形态，打上了计划经济的烙印。消费者购物，需要凭借各种票（粮票、菜票等）。那时候能满足温饱已经算不错了，不用提什么服务和体验了。后来稍微好点，消费者在国营商场看中商品之后可以拿着钱到收银处买小票，再凭小票提货。

而民营零售的出现，升级了消费者的购物体验，消费者发现在民营商场、商铺购物，商家开始提供服务了，而且购物流程大大简化，消费更方便了。在国有商场买支圆珠笔，你可能要花费15分钟，而且基本没什么服务。但在民营零售店买支圆珠笔，你只需要花费10分钟，而且工作人员对你的态度更温馨了。

民营零售是计划经济时代的新零售。

2. 第二次：连锁零售对单体零售的冲击

20世纪90年代之前，中国还没有出现大规模的连锁零售模式，当时的全聚德、各大城市的民营商场都是单体零售。直到20世纪90年代，随着中国零售行业对外开放，家乐福、沃尔玛、大润发、欧尚等国外连锁零售企业开始抢滩中国市场并借助自身优势和政策优势大力扩张，这些外资企业的管理和经营经验给中国民营零售企业带来了积极而深远的影响。

国外连锁零售企业产生的鲶鱼效应给中国零售业带来巨大变革，给中国消费者带来了全新的体验。在此期间，中国也涌现出了华润、华联、国美等大量优秀的连锁零售企业。连锁零售企业的**物美价廉**、**购物便利**、**规模效应**给中国单体零售带来了不小的冲击。

连锁零售是传统门店时代的新零售。

3. 第三次：电商零售对线下零售的冲击

21世纪初，马云创办的阿里巴巴、刘强东创办的京东等传统电商平台，借助互联网给中国零售行业插上了效率的翅膀,给中国零售业及民族的消费方式带来了巨大变革。

中国的商家等中小创业者发现,即使不租门店或专柜,在家里开个网上店铺也可以卖东西,而且成本更低,赚的钱更多。

中国的消费者发现,原来足不出户,通过网络也可以买到东西,而且可买的商品更多。

电商零售的出现让马云、刘强东成了传奇人物,也必然会被载入史册,但却苦了传统企业和商家,因为线下零售遭到了极大的冲击。很多人一开始不屑于线上零售,但当电商零售站稳脚跟后,开始唱衰线下零售,这让传统零售行业感受到了阵阵凉意和重重危机。

然而发展至今,虽然线下零售业绩确实颇受影响,但也没有像马云等电商领袖之前说的那么糟。现在的情况是,线上线下谁也干不了谁,同时谁也离不开谁。

但无论结果如何,电商零售的出现,确实给中国零售业态带来了巨大的影响和变革。

电商零售是互联网时代的新零售。

4. 第四次:全渠道零售对电商零售的冲击

正当很多人唱衰线下零售时,马云、刘强东、雷军等互联网领军人物所创办的电商平台在经历高速发展后遇到了发展瓶颈,马云等互联网大佬这才发现,原来电商零售也是有天花板的,而且它们的天花板到来的时间还早于他们的预期。

这时候他们才开始重视曾经被他们忽略或小瞧的线下零售渠道。于是这些大佬所在的互联网平台开始纷纷布局线下渠道,想用互联网思维将线上线下融合,开拓全渠道零售。目前,马云交出的答卷是盒马鲜生、天猫小店等,刘强东的答卷是京东小店、永辉超市等,雷军的答卷则是升级版的小米之家。

而随着移动互联网的发展，移动端零售成为线上零售的重要一环，甚至成为独立于PC端零售、线下零售的第三极。

目前PC端、移动端、线下零售充分融合的全渠道零售已经成为零售行业的共识和企业重点发展的方向。

全渠道零售是移动互联网时代的新零售，也是马云、雷军不断提及的新零售。

然而，这次的新零售却和以往的新零售有着很大的不同。

其一，全渠道零售下的新零售业态，更重视新科技的运用。无论是移动支付、人脸识别、AR和VR基础上的零售，还是智能零售，都是在互联网等新科技发展的基础上，借助新科技让零售插上效率的翅膀。

其二，新科技让零售发生翻天覆地的变化。这些年新科技的发展速度及带来的影响是惊人的，光移动支付、二维码这些移动互联网发展的产物就让生活发生了巨大变化，让消费者体验到了从未有过的便利和高效。而随着5G、区块链、人工智能等新科技的深度发展，新科技会给零售带来更大的变化。

其三，全渠道零售的核心是新消费。以往的零售更侧重于渠道端的变革，而本次的全渠道零售则更重视客户端的消费和体验。这也是中国经济发展、科技进步必然的结果。新消费环境下的消费者更看重个性化、人性化的服务、体验。

5. 第五次：社交新零售对全渠道零售的补充

随着社交媒体、社交平台的发展，社交网络对交友、工作、消费的影响力与日俱增，而社交商业也是社交网络大力发展下的必然产物。

索尼、宝洁、星巴克、肯德基、麦当劳、杜蕾斯、哈根达斯等国外知名企业都启动了社交化战略，借助脸谱、推特、领英、YouTube等国外知名社交媒体扩大品牌影响力、积累社交端的粉丝、提升企业业绩。

第1章　社交新零售简史

而在中国，随着微博、微信、抖音、小红书等社交平台的发展和火爆，诸多企业、商家也开始借助社交网络的红利，获客拉新，拓宽零售渠道。他们将社交网络融入新零售战略中，让新零售插上了社交的翅膀。

阿里巴巴、京东等传统电商巨头也意识到了社交对商业的影响和重要性，纷纷布局社交板块，让平台融入更多社交元素。淘宝、支付宝、京东的社交化正是全球社交网络发展的结果。

此外，云集、贝店、拼多多等社交电商平台在新零售的大环境下，开始布局新零售，将社交板块、线上板块、线下板块充分融合，成为另一种形态的社交新零售企业。

可以说，社交新零售是对全渠道零售的有力补充，是社交时代的新零售。

但社交新零售与上述新零售有着巨大的不同，就是借助社交网络，企业可以用更低的成本获客拉新以及转化、留存客户，同时，消费者和个体还可以与平台合作，成为消费商，在消费的同时还可以轻创业。这就让草根有了更多发展和逆袭的机会。

此外，社交新零售在刺激消费的同时，还能拉动就业，是"大众创业，万众创新"环境下的新零售。

2019年8月8日，国务院办公厅印发了《关于促进平台经济规范健康发展的指导意见》（以下简称《意见》）。《意见》指出，互联网平台经济是生产力新的组织方式，是经济发展新动能，对优化资源配置、促进跨界融通发展和大众创业万众创新、推动产业升级、拓展消费市场尤其是增加就业，都有重要作用。要坚持以习近平新时代中国特色社会主义思想为指导，深入贯彻落实党的十九大和十九届二中、三中全会精神，持续深化"放管服"改革，围绕更大激发市场活力，聚焦平台经济发展面临的突出问题，遵循规律、顺势而为，加大政策引导、支持和保障力度，创新监管理念和方式，落实和完善包容审慎监管要求，推动建立健全适应平台经济发展特点的新型监管机制，着力营造公平竞争市场环境。其宗旨是为了促进平台经济规范健康发展。①

随着中国政府鼓励社交电商、社交新零售等平台经济发展的相关文件的出台，社交电商、社交新零售迎来巨大利好，将获得更大的发展，而其规范、健康、有序地发展也将是国家和企业关注的重点。

1.3.2　零售、新零售、社交新零售的异同

在比较零售、新零售、社交新零售三者的异同之前，先弄清楚何谓零售。

零售是一系列商业模式的统称，是商品供应链的最后一站。其本质就是将消费者（人）与商品（货）连接在一起的"场"，它可能是某个场景（如线上店铺、线下门店），也可能是你线上卖货给顾客或线下去拜访顾客的行为。无论科技如何发展，商业模式如何创新，零售都是围绕着"人、货、场"三要素展开。

理解了零售的本质，下面来阐述零售、新零售、社交新零售的异同。

1. 零售、新零售、社交新零售的相同点

零售、新零售、社交新零售都是围绕着"人、货、场"三要素展开。后两者都是零售的进化产物。

2. 零售、新零售、社交新零售的区别

（1）零售。广义上来说，零售是所有零售商业的统称，包括传统零售、新零售、社交新零售。狭义上来说，零售是相对新零售、社交新零售而言的传统零售。

（2）新零售。《阿里研究院新零售研究报告》对新零售的定义是，以消费者体验为中心的数据驱动的泛零售形态。而时任阿里巴巴集团CEO的张勇又进一步解读了新零售：它是围绕着"人、货、场"等商业元素的重构，其核心是

---

① 资料来源：中国政府网，http://www.gov.cn/zhengce/content/2019–08/08/content_5419761.htm?trs=1。

零售效率(人效、货效、场效)的提升。即新零售的本质是更高效率的零售。

你可以通过提升"流量×转化率×客单价×复购率"这几个元素中的一个或某几个来提升人效,通过优化D-M-S-B-b-C这个供应链中商品的流通效率来提升货效,也可以通过改进信息流(线上:高效性,线下:体验性)、资金流(线上:便捷性,线下:可信性)、物流(线上:跨度性,线下:即得性)来提升场效(图1-1)。

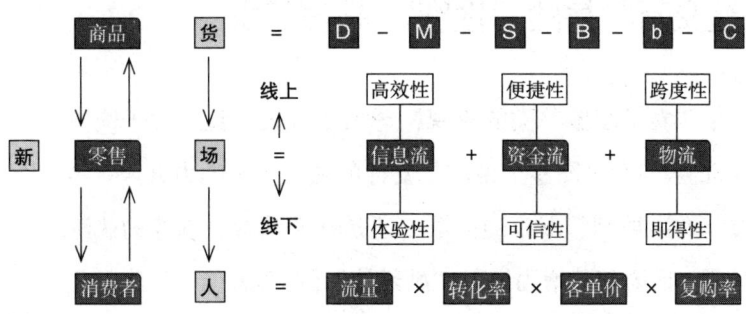

图1-1 零售和新零售的"人货场"

(3)社交新零售。社交新零售是以社交网络为基础,以消费者体验为中心的数据驱动的泛零售形态,是社交商业与新零售融合演化的产物。其本质是更高效率的零售,更低成本的运营,其与新零售的区别如图1-2所示。

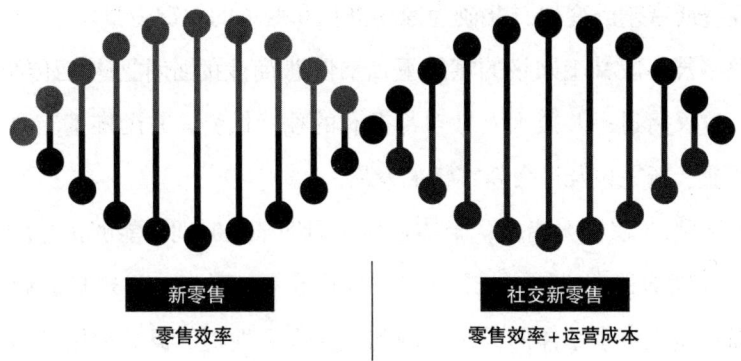

图1-2 社交新零售和新零售的主要区别

正是在几次零售变革的基础上，零售、新零售、社交新零售之间完成了迭代、升级。新零售、社交新零售都属于零售的范畴，新零售是为了实现更高效率的零售，社交新零售则是在新零售高效的基础上，为了实现低成本运营的演化产物。

1.4 社交新零售的"性别"是男是女

这几年"女子图鉴"类的影视剧、书籍很火，让"女子图鉴"成了热搜词汇。本质上，"女子图鉴"说的是女性的独立及影响力日增。事实上，无论是"女强"类影视剧、书籍的火爆，还是女性消费、创业的热潮，其背后是女性的崛起、话语权的增强以及"她经济"的火爆。

"她经济"为当下的社交商业和新零售推波助澜，甚至某种程度上促进了两者的诞生以及两者融合演化出"社交新零售"这一产物。

阿里研究院与中华女子学院联合发布的《2019阿里巴巴全球女性创业就业研究报告》指出，当数字技术降低了沟通的边际成本之时，女性乐于分享的特质有助于她们发挥天性、实现更多的链接与分享。未来，女性将更能适应数字经济所带来的变化，并成为推动进步和变革的关键力量。

在数字技术及社交网络的赋能下，女性消费、女性创业让"她经济"日益火爆。这又将进一步放大女性自身拥有的独特优势，并助推基于数字技术的社交商业、新零售及社交新零售的发展。

关于性别，《汉典》指出，个体在生命周期某段时间中能够执行的生殖功能决定了性别的种类（雌、雄等）。其本质就是，对个体生殖功能影响更大的那方面特质决定了个体的性别。因此，如果将性别的概念运用到商业模式上，想判别这种商业模式的"性别"，就看哪类消费群体对商业模式的诞生、发展影响更大,甚至起着决定性作用。

结合上面提到的女性崛起以及数字经济、社交网络赋能女性的大环境,其实不难看出女性对社交新零售的影响之大,甚至社交新零售的萌芽也是由女性移动互联网创业的浪潮引发。此外,社交新零售的主要特质是追求优质低价、注重体验式消费、重视社交化的情感交流,而这些与女性特质极为契合。由此,我们可以得出,如果社交新零售有"性别",那就是女性。

具体而言,社交新零售的女性特质,要从消费者、消费商(创业者)这两个维度来说。

1.4.1 从消费者维度看社交新零售的"性别"

体验式消费、精神体验、情感满足、社交化是社交新零售的主要特征,这些方面显然与女性消费者的特质更为契合。由此便不难理解为什么社交新零售的主要消费群体是女性。马云也曾表示,女性是新时代和新消费的主力军。

1. 女性掌握着家庭的财政大权

《2016年女性财富管理报告》显示,在过去30年中,中国女性收入提升了63%。而在家庭中,服饰、化妆品、家居用品、休闲旅游、母婴产品等方面的支出,女性占有绝对话语权。而《中国妇女》杂志的研究也显示,3/4的中国女性手握财政大权,是家庭消费的主力军。

2. 乐于社交分享

女性天生爱社交分享,通过分享,既获得了精神满足,又能提升购物体验。与男性相比,女性购物时更喜欢征求家人、女性朋友的意见。如果她觉得产品不错,还会分享给自己的家人、朋友。而这正契合了社交新零售的社交分享特质。

3. 追求消费体验

感性的女性在消费体验方面显然优于男性。

（1）体验产品。女性对产品的品质和体验要求更高。她们不仅要求产品能用，还要求它好用，能带来享受，最好性价比还很高。

（2）体验服务。女性购物过程中，除了挑产品，还注重服务。好的服务能打动女性，树立产品和品牌的口碑。差的服务则会让女性大失所望，降低其购物率，并将坏口碑分享给社交圈的好友，给品牌造成极大的损失。

因此，社交新零售企业要重点围绕女性的这些特质打造消费场景，提升其购物体验，赢得女性的好感。比如，你的购物环境、卫生间、母婴室的设置，要让女性觉得舒适温馨，让她愿意再次光顾。

4. 情感体验

感性的女性更重视情感方面的体验。

那些能给女性带来情感满足和归属的品牌、产品更能触动女性柔软的内心，树立品牌和产品的口碑，赢得女性的青睐和推荐。

此外，如果企业和商家能让女性在消费过程中感受到被尊重、被关注、被理解，她会觉得你"很懂她"，她成为铁杆客户的概率大大提升。

1.4.2 从消费商维度看社交新零售的"性别"

女性可以以经营者或消费商的身份参与到社交新零售创业的浪潮中，在此方面，女性有着独特的优势。为什么？

1. 女性擅长社交

社交新零售项目，很多都涉及与人打交道，是关于人与人关系的商业模式。社交新零售创业不只是销售，更重要的是建立关系网络，它更注重通过分享来吸引更多的消费者和消费商，因此建立一个广泛、稳定的关系网络对社交新零售创业来说更有价值、更有深远意义。

建立关系网络更像一个建立社区的过程。在此过程中，你要靠你的个人魅力、影响力吸引消费者、消费商，与他们互动，并能支持、指导、培养他们，让他们成为你关系网络中的忠实粉丝，并和他们一起将关系网络裂变、扩大。由于女性先天具备亲和力、喜欢社交，在建立关系网络过程中更有优势。

2. 女性能洞察客户潜在的心理需求

移动互联网媒介传达信息时迅速、广泛，远超传统媒介。此外，移动互联网时代每一个个体既是信息的制造者，也是传播者，他们几乎能不受限制地分享他们的体验，包括生理体验，如产品功能、外观等，也包括购物过程中的心理体验，如品牌态度、服务态度、送达速度、购物便捷性等。而女性心思细腻、情感丰富，能洞察到客户的这些需求，以及很多潜在的其他需求。

3. 女性创业者更了解女性消费者和消费商的心理

女性是社交新零售产品消费及社交新零售创业的主力军，她们更了解女性消费者和女性合作伙伴的心理，更容易与女性消费者及女性合作伙伴交流，也更容易将社交新零售事业壮大。

4. 社交新零售创业能帮助女性独立

很多女性不幸福，是因为对外界太过依赖。随着女性独立意识的觉醒，越来越多的女性意识到事业独立、经济独立的重要性。当她们经济独立之后，将不再需要依赖丈夫、家人、老板。

我的朋友——某护肤品牌创始人艾米粒意识到自己需要发展一份事业以实现经济独立时，她开始寻找工作机会。但对一个全职宝妈来说，找一份需要全天坐班的工作显然不太符合她的处境。为了在发展事业的同时又能照顾孩子，艾米粒绞尽了脑汁，幸运的是，她遇到了社交网络，把握住了移动互联网的发展机会，借助社交新零售创业，实现了经济独立。

当女性借助社交新零售创业，拥有更强的经济能力后，她会减少对外界的依赖，她的内心将会更强大，她会知道自己独立是一件多么幸福的事。当你太依赖外界时，你不得不做一些你不愿意做的事情，这将严重侵蚀你的自尊感和价值感。经济的独立将为女性带来更多的自尊感和价值感。当你拥有更强的自尊感和价值感之后，你和身边人的关系也将大大改善，最重要的是，你将获得极大的自由，无论是身体上还是精神上。

5. 社交新零售创业不存在天花板

由于社会环境、女性生理、生育等方面的原因，女性在企事业单位中事业发展的天花板特别明显。怀孕对身在重要岗位的女性来说影响极大。因此在很多公司，为了事业，女性不敢轻易怀孕。2017年京东女副总裁怀孕辞职的事件便是个典型的例子。

但社交新零售创业不存在这种天花板。社交新零售创业，几乎没有任何限制，主要在于创业者的付出、技能、教育、经验。我身边很多女性社交新零售创业者，在怀孕后，只要维护好现有的客户、管理好自己的合作伙伴，依然可以将事业做大，而且还有时间照顾孩子。

6. 时间自由

女性创业最大的问题之一是时间不够用。很多女性既要忙于事业，还要照顾家庭，下班回家要做饭、洗碗、辅导孩子作业，没有太多精力放在创业上。

由于社交新零售创业时间自由，因此社交新零售创业很适合女大学生以及那些要照顾孩子和家庭的女性。我的很多女性创业者朋友就是在做宝妈、家庭主妇期间接触到了社交新零售创业，并将事业做大做强。

7. 没有收入限制

在世界范围内，职场上女性收入普遍要低于男性。美国的一项研究显示，条件相当的男女，男性赚1美元时，女性只能赚到74美分。

但社交新零售创业没有这种性别差异。社交新零售创业一分耕耘一分收获，只要你愿意努力和付出，女性创业者的收入可以超过男性。

这也是为什么在社交新零售创业领域你经常能看到众多年入几十万元、上百万元的女性创业者，从她们身上，明显感觉到经济独立、收入平等给她们带来的那种由内而外的改变和成长。

8. 女性愿意寻求帮助

女性社交新零售创业的另一大优势是，女性比男性更愿意寻求帮助。

男性要面子，很多事情情愿自己解决，要么就算了。而女性遇到自己无法解决或不擅长的事情时，愿意寻求他人的帮助。

在创业时也是这样，女性愿意问问路、请教创业方法、寻求合作伙伴的帮助。这会带来两大好处：首先，她们将学到新知识；其次，不会浪费无谓的时间，少走很多弯路。

1.5 社交新零售有哪些价值

提到一种新的商业模式，总要研究它对消费者、企业的价值以及影响。社交新零售也不例外。总体而言，社交新零售对消费者和企业具有如下价值。

1.5.1 社交新零售对客户的价值

社交新零售对客户的价值可以从消费者和创业者两个维度来具体阐述。

1. 消费者维度

（1）方便客户做出购买决策。消费者从朋友或社交网络中的其他消费者的评价中可以了解企业产品和服务的质量，然后再决定是否购买。比如，你在淘宝购物时，会根据其他客户的评价来判断产品的质量以及是否适合你，然后再做出购买决策。而你在社交电商平台购物，是经朋友推荐的，你和朋友之间已经有了一定的信任，你相信他推荐的产品和平台，因此做出购买决策的速度会大大提升。

（2）提升购买效率。对消费者来说，以往购物时信息不全面，买到假货或不满意产品的概率很高，购买效率低下。而借助社交网络的口碑相传和信息透明化，消费者可以尽快做出购买决策，且购买到满意产品和服务的概率大大提升。

（3）增强与企业的信任度。借助社交网络这个背书，消费者与企业之间建立信任的过程缩短了，建立信任的效率提升了。

（4）增强社会化协作。借助社交网络，客户之间，以及与企业之间的社会化协作增强了，某种程度上，可以发挥众智低成本为社会和企业创造更多价值。

（5）购买到更具性价比的产品。本次的新零售的大背景是新消费时代的到来，其背后是社会已经由生产者为中心转型为以消费者为中心。在此环境下，C2B、C2M这样的消费者逆向牵引生产方式的模式将成为主流。这意味着消费者将用更低的价格购买到更高品质的产品。

（6）获得更好的服务和体验。消费者从社交新零售企业那边可以获得更好的服务，更高的体验性。

2. 创业者维度

对消费者来说，他还可以与社交新零售企业合作，成为企业或平台的消费商，实现"人人零售"，不仅可以节省购物的费用，还可以通过社交分享赚钱。而对消费者而言，这样的创业机会门槛低、风险小。

比如，你成为云集的店主（消费商在不同平台上的某种称呼），不仅可以自购省钱，还可以分享赚钱。你能深度参与到整个零售过程中，而不再只是过去那种单纯的消费者。

1.5.2 社交新零售对企业的价值

对零售企业而言，社交新零售除了可以提升企业的零售效率，还可以帮助企业开拓社交渠道，降低企业的成本和风险。

1. 提升零售效率，一切为了客户服务

无论是新零售，还是社交新零售，都围绕着"人、货、场"来提升人效、货效、场效，最终提高零售效率，让消费者获益和满意。

比如，小米靠社交起家，线上板块有小米商城、小米有品，线下板块有小米之家，社交板块有社交媒体矩阵、有品有鱼。通过这三大渠道，小米从多维度提升了人效、货效、场效，帮助客户提升了体验性。

而社交电商云集，社交板块是其强项，后期又通过布局智慧仓储、智慧物流等来融入新零售，让新疆等偏远地区的客户也能尽快收到货，大大提升了客户的即得性和体验性。同时云集还在加强供应链和平台建设，提升商品的流通效率。通过上述措施，云集提升了人效、货效、场效，让社交新零售真正落脚到品质、客户体验和满意度上。

2. 发挥社会化协作作用

通过社交网络的传播效应，社交新零售企业可以充分发挥社会化协作作用，获得客户的评价、反馈、建议、支持，用低成本获得民众智慧和支持，然后对产品和服务进行优化、迭代，研发出符合市场需求的产品和服务。小米创办伊始，借助小米论坛来获取客户的反馈和建议，对MIUI等产品进行优化，而且当产品推上市场之后，积累的种子客户第一时间支持了小米，帮助小米完成了原始积累。

借助社交媒体营销，企业还可以树立社交口碑，并通过社交网络进行传播发散，树立企业品牌。比如小米，创立伊始，在传统媒体等方面的广告投入很少，主要借助社交媒体的效能，积累了自己的种子客户，并通过口碑经济的影响，在社交网络中提升了企业的知名度、美誉度、忠诚度。

3. 提升服务质量和效果

社交新零售企业通过增强服务和体验方面的建设，可以提升客户的体验性和满意度。同时，企业在服务客户的过程中会融入更多的社交服务，这将让新消费环境下对人性化、个性化服务高要求的消费者获得更好的服务和效果。

4. 降低运营成本和风险

（1）拓展社交渠道。对企业而言，社交新零售还有一个很重要的价值，那就是帮助企业拓宽社交渠道，借助社交渠道，企业可以将消费者转化为自己的合作伙伴，发挥他们的社交网络作用，这样企业便可以用更低的成本获取客户、裂变客户、维护客户。运营成本降低了，运营风险自然也就减小了。

（2）降低库存。对零售企业来说，库存问题始终是个难题。要么货多了难销，要么货不够卖影响了生意。以消费者为中心的时代，消费者开始逆向牵引生产方式，类似于C2B、C2M这样的模式将成为商业主流，借助大数据赋能、技术赋能、社交赋能，企业进行按需定制，这带来的一个好处是，企业的无效库存大大减少，与消费者需求匹配的库存将很少出现缺货的情况。这将帮助企业大幅降低运营成本和风险。

第2章 全渠道社交零售：拓展社交渠道，降低成本和风险

随着移动互联网和社交网络的发展，原有的O2O模式已经落伍，需要升级和拓展。目前，对零售企业而言，移动端渠道+PC端渠道+线下渠道已成为标配，而一些更具眼光和前瞻意识的企业则实施了更长远的战略，开拓了社交渠道，从而让全渠道零售插上社交的翅膀。

2.1 全渠道零售简史

为了更好地理解全渠道社交零售，下面让我们首先来简单了解一下全渠道零售。

夏天到了，你想买件连衣裙。你走进一家商店，刷完会员卡、经人脸识别后，商店的系统已经获得了你的基础资料和以往购物记录，并向店员韩梅梅的平板电脑上发送你的信息，同时提醒她迎接你。韩梅梅根据你的购物记录，为你推荐了几款连衣裙，并提醒今天下单可以享受优惠。你触摸和试穿了几款连衣裙后，选中了其中一款。你一看很多人在排队等着结账，便拿出

手机在线下单，然后拿着衣服离开商店，而你的本次购物信息也被储存在了该商店的数据库中。

上述案例是全渠道零售环境下顾客购物过程的缩影。

全渠道零售是企业为了提升零售效率、提高顾客服务和体验质量，将不同渠道融合的产物。事实上，全渠道零售是一个不断发展的动态零售模式，在不同时代，全渠道零售有着不同的诠释。

2.1.1 全渠道零售的发展历程

在进入全渠道零售之前，中国的零售业经历过单渠道时代、双渠道时代、多渠道时代等阶段。

1999年以前，中国是实体店的天下，此时的零售渠道由门店发展为连锁店、大型商场。单一的渠道，让运营成本居高不下，而且零售效率极为低下，同时消费者花高价未必能买到优质产品。

2000年开始，随着中国互联网的发展和成熟，电子商务崛起，开始"革"线下渠道的"命"。当然，用现在的眼光来看，线下渠道确实备受冲击，但命还在。此阶段，有发展眼光的商家开始尝试电商业务，甚至线上线下双渠道结合起来发展事业。其中有些商家因为把握住了时代的红利，活得很滋润。线上渠道零售、线上线下融合的双渠道零售是彼时的新零售。

2007年起，随着iPhone等智能设备的发展，移动互联网时代开始降临，线上渠道又增加了移动端渠道这一员猛将。借助新技术，App、微商城、微信等移动端工具不断发展，让移动端渠道日益丰富、成熟，此时中国零售业进入多渠道时代。多渠道零售让商家有了更多渠道选择，让消费者购物更方便、选择更多样，一定程度上提升了零售的效率。因此，多渠道零售是彼时的新零售。

第 2 章 全渠道社交零售：拓展社交渠道，降低成本和风险

但多渠道零售之间并未打通，导致零售效率受到影响，消费者的体验感仍然有很大的上升空间，此时全渠道零售呼之欲出。实体门店、传统电商渠道、移动端渠道打通之后，零售效率大大提升，消费者购物时更为便捷，能获得无缝衔接的全程、全线服务。

比如，你去小米之家购物，买完一台笔记本电脑后，发现还想买款小米Note5，但线下门店并没有这款手机卖，怎么办？你打开红米手机端的小米商城，发现上面还有这款手机销售，于是你在线下单了。第二天你便收到了你心仪的小米Note5。

全渠道零售是当下的新零售。严格来说，全渠道是多渠道的拓展和延伸。而且，不同时代全渠道有着不同的含义。传统互联网时代，线下门店和PC端渠道是全渠道。移动互联网时代，线下门店、PC端渠道、移动端渠道是全渠道。

2.1.2 全渠道零售的两个核心

社交新零售大环境下的全渠道零售最终还是要落脚于"让顾客满意"这个目标上。因此，全渠道零售需要做好两个核心工作，即好的消费体验和个性化定制，如图2-1所示。

消费体验

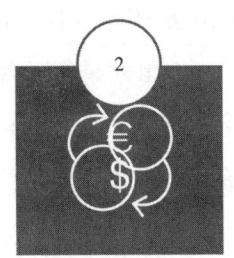
个性化定制

图2-1 全渠道零售的两个核心

好的消费体验意味着企业和商家要为消费者提供优质、及时、全渠道的服务，提升顾客的即得性和体验性。你在家附近的京东小店购物，可以获得即得性。但有些东西买不到怎么办？此时你可以在京东下单，凭借它的物流体系，很多东西当天便可以送达。这就大大提升了你的即得性。而你走入京东小店时，发现布局不错，还有地方可以坐下玩会手机或吃点东西，你的体验明显要优于其他小卖部。你去小米之家买完东西，坐下看会儿正在播放节目的电视，或者倚着沙发刷会儿微信，你觉得逛街购物比以前要舒服多了，不再那么累了。

商家还可以借助大数据，通过全渠道零售为客户进行个性化定制。如海尔曾经与天猫合作，通过个性化定制，为消费者提供"私人订制"服务，提升了消费者的体验性和满意度，并大大减少了库存。还因为用C2B模式短路了S2B2C模式中的"S"，提升了零售效率。

C2B模式由阿里巴巴首先提出并践行。2015年，在德国的汉诺威IT博览会（CeBIT）开幕式上，阿里巴巴创始人马云在演讲中表示，"未来三十年，因为数据经济，人类社会将会真正进入巨大的变革时代。未来的世界，我们将不再由石油驱动，而是由数据驱动；生意将是C2B而不是B2C，客户改变企业，而不是企业向客户出售——因为我们将有大量的数据；制造商必须个性化，否则他们将非常困难"。

时任阿里巴巴集团的总参谋长曾鸣也曾指出，现有的B2C模式只是一个过渡性商业模式，C2B才是电子商务的未来。

C2B模式下，客户将成为价值贡献者，是中心和主导者，而企业则是价值消费者，为客户的需求提供个性化、精准化服务。

当然，C2B模式只是个性化定制的一个发展方向，在个性化需求成为大趋势的背景下，C2M等更多新兴的模式将不断涌现。这些模式的核心都是消费者逆向牵引生产方式，满足消费者的个性化需求，提升其体验性。

2.2 全渠道社交零售：新零售时代线上线下的渠道革命

社交时代，传统企业和传统电商的渠道发生了深刻的变革。对传统企业和传统电商而言，固守线下渠道或线上渠道，显然已经无法跟上时代的步伐。但单纯地融合线上或线下，并不意味着便可以高枕无忧。

那么，传统企业和传统电商到底该如何变革，才能在这场渠道革命中获胜？要弄清楚这个问题，需要先弄明白线上零售为何会如此迅猛地发展。

2.2.1 线上零售为什么能迅速发展

电商快速发展的背后，是什么支撑了他们的崛起？同时，传统零售业又为什么越来越艰难？互联网何以对零售业产生如此之大的影响？

那是因为，与线下相比，线上零售具备高效性、便捷性、跨度性三大优势，如图2-2所示。

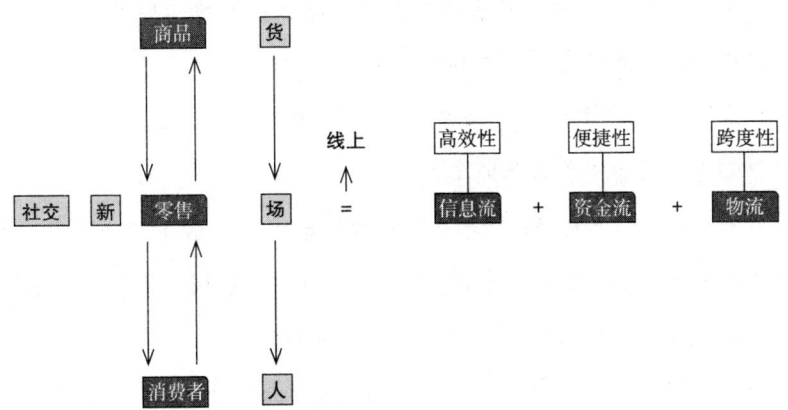

图2-2　线上零售迅速发展背后的秘密

1. 高效性

你想买双球鞋，到了A商场，售价799元。你不放心，又跑到B商场，你发现同样的球鞋售价999元。等到了C商场，只卖699元。同样的球鞋，你发现C商场最便宜，于是你在C商场下了单。这就是"货比三家"。

货比三家是消费者购物时的正常心理。只是，在互联网还不是那么发达的时代，货比三家比较费时。等到电商出现后，你发现借助互联网，同样的商品，你有了更多选择，而且比较起来更方便，售价甚至更便宜。还是那双球鞋，你发现在淘宝上只需要300元，但你担心不是正品，于是又到天猫上搜搜看，发现有"正品保障"字样的球鞋售价599元，比C商场还便宜。但你还是不放心，担心还有更便宜的卖家。于是你打开京东App，找到一家店铺，店里卖639元。比较完之后，你发现还是天猫那家店卖得便宜，于是你最终买了那位商家的球鞋。

中午休息时，同事韩梅梅在用某个App买连衣裙。你发现她在这个平台上搜索某款连衣裙，上面同时出现了淘宝、天猫、京东、拼多多等电商平台的商品，而且还有优惠券可领。你一了解，才知道这个App叫粉象生活，是个导购型社交电商平台，通过技术手段将不同电商平台上的商家优惠券集中在自己的平台上展示，客户搜索同款商品，便可以搜到不同平台不同卖家的价格。从此以后，你又有了一个淘货法宝。

上述案例展示了传统电子商务的巨大优势，即信息流的高效——又快、又多、又实惠。这是线下零售所不具备的。

自从有了电商平台，很多年轻人开始足不出户，成了"宅人"。感受到电商带来的强烈冲击后，很多传统商家开始担心互联网会干掉线下零售。但事实如何呢？线下零售虽然受伤不轻，但还活着。

2018年2月1日，中国商务部公布的数据显示，2017年，中国社会消费品零售总额中，线上零售额只占15%，余下的85%仍然发生在线下。

按理说，线上零售的效率比线下高多了，那为什么线上零售并没有取得绝对优势？那是因为线下零售的体验性要远优于线上零售的体验性。

2. 便捷性

自行车被盗是我读研期间非常头疼的事。丢过几辆自行车之后，我再也不敢买好的自行车了，只能骑着一辆很破的自行车出行。此外，我还要经常担心自行车轮胎有意或无意地中枪，要推着车到路边去修补。

但现在我出行不用再担心自行车的事了。我找到家附近的小蓝车，打开支付宝旗下的哈啰出行，扫码开锁，骑上它便可以很快到达近距离的办公处，还能锻炼身体。我只要锁上车锁就算还车了。从此我再也不用担心车子丢失、坏了这些琐事。这就是共享单车给我生活带来的便捷。而这一切的基础便是互联网的发展。

除了出行受益于互联网，现在购物也无比便利。某次我和朋友到某公司谈合作，我想给他买瓶水，于是走到附近的欧尚自动售货亭（京东入股了）面前，打开京东App，按照流程操作很快便买好了水。

移动互联网+支付，让生活和消费变得无比便捷。

但互联网便捷性的背后，还是缺少了一些东西，那就是信任度。

3. 跨度性

线下零售业态的主要特点是，商场、超市的商品等着你去找它。但这种特质局限于距离，让你无法接触太多商品。你之所以赞叹淘宝的"万能"，是因为你在线下接触到的商品太有限了。

电商的特质是，你在家里，全中国、全世界的商品都可以借助互联网飞向你，而且因为信息流的高效，你可以用更低的价格买到更满意的商品。这就是电商具备的跨度性优势。这带来的一个结果就是，消费者接触到的货物更全了，而且即使足不出户，也可以买到绝大部分想买的东西。

比如，我可以托我澳大利亚的朋友帮我代购当地的婴儿奶粉，质量无忧，价格还比国内便宜。而国内的淘宝、小米平台上的低价东西，也可以通过跨境电商销售到国外去。

物流代替人工，加上互联网赋能，大大增强了物流的跨度性。这就是线上零售的跨度性优势。

信息流的高效性、资金流的便捷性、物流的跨度性改变了你我的生活方式，是线上零售在零售行业能异军突起的重要因素。

然而，线上零售虽然发展迅猛，但有一个不争的事实是，线上零售始终没法干掉线下零售。虽然线下零售这些年受互联网冲击很大，但在零售行业始终有着一席之地。

这是因为虽然线上零售优势明显，但也有其短板。而线上零售的短板正好是线下零售的长处。

2.2.2 线下零售如何破解线上零售

面对互联网围城，传统零售商们应该如何突围？

自马云提出新零售以来，所有的互联网巨头都已开始布局线下。阿里巴巴宣告，天猫将会用品牌授权的方式开设线下的"天猫小店"，第一家"天猫小店"已在杭州正式开门经营。腾讯也没有落下，微信首家官方品牌形象店WeStore也于2017年在广州正式开业。2017年4月，刘强东也宣称，要在5年内开设100万家京东便利店，其中一半将在乡村，覆盖我国的每个村镇。

在线上零售业高速发展的年代，这些电商大佬们为何又纷繁转战线下？

因为传统的零售渠道，仍旧具备互联网无法替代的优势，在整个零售业态中具有不可动摇的地位。线下门店如何突破互联网围城？答案就在其自身所具备的优势上。

在新零售的浪潮中，传统的线下零售业态究竟具有什么样的优势？线下零售业相对于线上而言，最显著的优势在于它在信息流、资金流、物流三方面所分别具备的体验性、可信性、即得性，如图2-3所示。

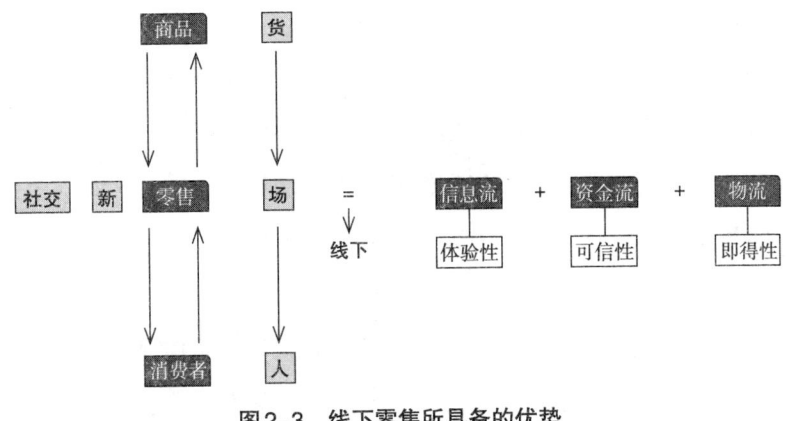

图2-3　线下零售所具备的优势

1. 体验性

你看到路上好多人骑着平衡车出行,你很心动,也想尝试一下,于是上网搜了一下,看了一圈,价格都不便宜。你心想在网上万一买了个假货,或者试用之后觉得不适合自己,退货挺麻烦的,于是平衡车成了你心中一个一直没尝试的念想。最近,你听说家附近开了家小米之家,下班后,你赶紧跑过去,体验一下平衡车。店里有好几台供体验的平衡车,有好几个顾客在试着骑行,有店员在旁边指导。有个女孩试用完之后,感觉不错,当场下单了。但你试用之后,发现自己很难掌控平衡,如果真骑着它上下班,摔跤倒也罢了,就怕被车撞了,到时得不偿失。体验完之后,你决定不买平衡车了,你心里还暗自庆幸,还好没在网上买,要不退货可就麻烦了。

再比如,你要结婚了,想买一套布艺沙发。你在网上看了好几家,都得大几千元。你看中一家商家,他卖的沙发款式、设计、价格都不错,商品评价也是好评居多。但你始终不放心,心想这可是个大件,万一买回来不合适,退沙发比退平衡车更麻烦,不退的话,放在家里又添堵。怎么办?你把担忧和未婚妻韩梅梅说了。韩梅梅建议说,咱们去红太阳家具城买吧。你觉得红太阳离家有点远。但一想沙发要用上好多年,一定要买合适。于是周六你和未婚妻一起去了红太阳家具城，在货比三家之后，你确定了一款看着年轻时尚的灰白色布艺沙发。付了定金后，三天后商家派人送货上门。安装使用之后，你发现和你当初在家具城商家门店体验的一模一样，心里甭提多满意了。

上述案例体现的是线下零售在体验性方面的优势，而长久以来，这一直是线上零售的痛点。

相比较而言，互联网所擅长的，是提供更快、更全、更便宜的产品搜索，但总有一些复杂的信息目前仍难以通过数据和图片传递；而线下渠道的优势，则在于提供更复杂、更多方位、更立体化的产品体验，这是互联网目前无法替代的。

电商大佬们也试图用技术手段来解决线上体验感较差的难题，VR就是针对性的尝试之一。然而事实上，我们有多少人知道阿里的VR购物产品buy+？很少，因为效果并不好。所以一众电商大佬们又纷纷回归线下，就是因为线下消费场景不仅在过去占据主导地位，在未来新零售业态中也仍然不可取代。

2. 可信性

小米统计的消费数据显示，小米电视、平衡车、笔记本电脑、中高配手机等小米客单价较高的商品在小米的线下门店小米之家中销量更高。这是因为这些单价较高的商品，线上下单存在较高的不确定性和安全性，而线下因为可以看到实物、试用，可以"一手交钱，一手交货"，无疑更让消费者放心。

这就是线下的巨大优势之一：更值得信任。

其实，人与人之间也是如此，微信聊天千百次，不如线下见一次。线下更能快速建立彼此的信赖感。我和我的读者朋友，线下见过面、聊过天后，他们对我的信任和黏性会更高。而现在的很多知识付费已经由单一的线上模式转变为线上线下结合，比如罗振宇创办的"得到"平台会定期组织专栏作者在线下开大课，主要就是为了提升得到客户对老师和得到的信任和黏性。

由于线上相对缺乏信任度，因此其交易以小额为主。而线下信任度高，加上消费者心理账户的存在，更容易发生大额交易。

3. 即得性

随着物联网的发展，物流在迅速演化，万物互联时代到来后，物流行业的面貌将焕然一新。提到物流，社交新零售行业的物流在线上线下有明显区别吗？有。线上物流具有跨度性，线下物流具备即得性。前者的"快"与后者的"近"既是敌，又是友，处于一种博弈和平衡中。

线上可以让大量商品飞向你，但也存在一个问题，那就是需要等待，不能即得，这让越来越缺乏耐心的消费者总觉得线上体验性欠佳。而即得性则是线下的巨大优势。

夏天，你想买瓶矿泉水解渴，你不会在传统电商平台下单，因为商品送货上门可能要等到第二天甚至两三天，这段时间你早已饥渴难耐。你会选择到家附近的超市或小卖部买矿泉水，付完钱你就可以拧开瓶盖畅饮。

你感冒了，你第一时间会想到到附近的药店买盒感冒药，而不是在网上买。

这就是线下的巨大优势：即得性，它意味着"我马上想要，立刻就要拿到"。而这是当今的互联网、电商不具备的优势。线下的即得性，让商品离消费者更"近"。

消费者的很多需求（比如解渴、解馋）是即时产生的，这就意味着只有尽快满足他们这方面的需求，才能赢得这个顾客。显然互联网在这方面并不具备优势。这时候线下物流的即得性优势就凸显出来了。

2.2.3　社交新零售时代线上线下如何才能双赢

既然线上线下各具优势，那么有没有办法将线上线下的优势结合起来，让消费者在享受线上零售的高效性、便捷性、跨度性的时候，又能获得线下零售的体验性、可信性、即得性?

有,社交新零售做的事就是为了实现上述目的,让线上线下双赢。如何双赢?通过客户数据赋能,同时结合社交,如图2-4所示。

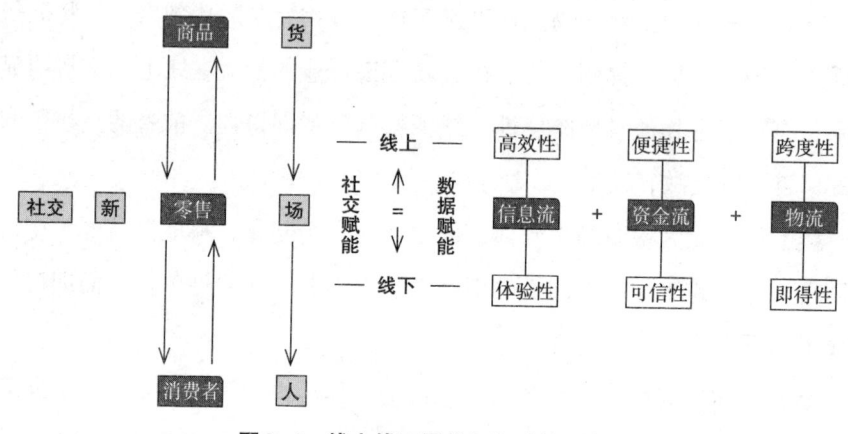

图2-4 线上线下零售如何才能双赢

1. 社交新零售:大数据、社交让体验"飞"

如何借助大数据、社交让消费者获得更好的体验?

(1)大数据可以精准满足客户个性化需求

阿里巴巴曾经尝试着通过VR、AR技术来改进线上的体验性,苦于技术还不成熟,效果并不好。但它的方向没错。无论是新零售,还是社交新零售,未来的方向必然是将线上信息流的高效性和线下信息流的体验性融合。就看谁能先做到这点。

在这方面,世界500强小米也在不断尝试,而且还取得了不错的效果。升级后的小米之家,是家不以卖货为主的体验店,你在里面可以慢慢体验笔记本电脑、小米电视、平衡车、电动助力自行车这些客单价较高的商品。这些商品因为价格较高,在线上的销量一般。但在线下,因为顾客可以体验、试用,满意后会当场下单,这就大大提升了销量。而且,小米之家会根据大数据，将线下不好卖的产品放到线上卖，或者其他区域不好卖的商品放到更受欢迎的区域销售。此外，顾客在小米之家购物时体验要远优于其他手机卖场，这就大大提升了顾客的体验性，为小米赢得了良好的口碑。

最关键的是，小米的商品线上、线下同价。线下门店可以通过平板电脑线上下单后提货走人，线上商品下单后也可以到门店直接拿货。通过这种做法，小米借助大数据打通了全渠道零售，将线上的高效性与线下的体验性融合，让顾客的体验"飞"了起来。

（2）社交元素让体验更能抓住用户的心

80后、90后等当下主流的消费者消费时，产品已经不再那么重要，体验、服务、情感成为其消费的主要对象。在这种情况下，你的产品好，不如有个性、有情感、有社交的产品更能抓住用户的心，更容易产生共鸣，更让消费者愿意购买。

产品和服务线上线下的社交属性，是社交新零售企业的优势，它将让企业的产品、服务更打动人，让消费者的体验更好。

孩子王之所以能在单客经济领域成为领军的母婴童零售品牌，是因为它把客户当作人来用心经营，让社交赋能客户服务和体验。在线上，它的App、微信小程序融入了很多社交元素以及人格化的属性，很快拉近与客户的距离。在线下，孩子王的育儿顾问既是专家，又是客户的朋友，不仅能帮助客户解决怀孕、育儿过程中的问题，还能与客户社交互动，彼此交心，成为客户的贴心朋友。孩子王通过这些措施，提升了服务的质量和溢价能力，提高了客单价，充分挖掘了客户的终身价值，激发了单客经济的潜力。

2. 社交新零售：用大数据、社交建立新的信用

大数据、社交在建立社交新零售的信用体系的过程中发挥着以下作用。

（1）大数据讲信用

既然线上便捷，线下可信，那可否将两者结合，让消费者高效消费？

当然可以，这时候可以借助互联网大数据为资金流赋能，让线上变得更可信。

我有次和朋友到杭州出差，活动结束后，朋友发现手机快没电了，而且没带充电宝，怎么办？我看到酒店前台有可租赁的充电宝，便扫码准备取走充电宝。扫码提示只要我支付宝的"芝麻信用"达到600分以上的中等级别便可以无须押金取走支付宝。我的芝麻信用是700多分，属于极好这个最高级别，于是我便通过芝麻信用授权，直接取走了支付宝。两个多小时后，朋友的手机已经充满电，我在吃饭的商场找到了该充电宝租赁公司的某个服务点，将充电宝归还。

支付宝的"芝麻信用"便是阿里巴巴通过数据给线上赋能的典型案例。支付宝通过客户以往的消费记录，将客户进行信用分级：350~550分，信誉较差；550~600分，信誉中等；600~650分，信誉良好；650~700分，信誉优秀；700~950分，信誉极好。不同信用级别的客户享有不同的权限。芝麻信用超过600分，客户便可以享受很多服务，如申请花呗、免押金使用充电宝等。

2017年，共享单车发展火爆。但押金问题让商家和客户都很头疼。你不交押金，将车骑走不还怎么办？客户则担心商家将押金挪用不退。

摩拜单车为了吸引客户，让客户免押金使用，这意味着商家要承担客户不还车的风险。而小黄车为了解决上述矛盾，则选择和芝麻信用合作。芝麻信用达到650分以上的客户无须押金便可以使用单车。

现在热度很高的区块链，其本质也是大数据给线上信用赋能，只不过它不是由银行、阿里巴巴这样的中心平台评定你的信用，而是将信用评定权交给了散落在互联网上的无数个网民组成的节点，这也是去中心化趋势下的一个发展方向。平台担任信用担保并非没有风险，万一这个大平台某天倒闭，之前的信用担保将不复存在，而且，大平台存在私自改动你的信用等级的可能性。而互联网上的网民作为节点做出的信用评价，已经被互联网记录在案，历史痕迹无法改动。

但我身边有些人并不爱惜自己的信用，他们透支信用卡，到期不还，上了信用黑名单，这意味着他们以后借贷、出行都将受到极大的影响。最为关键的是，他们在朋友心中已经成了无信之人，影响了他们后续的发展。他们忽略了一点，社交时代，建立在信誉基础上的社交信任货币将变得无比珍贵。

（2）社交担任信用背书

新零售用数据赋能现金流，提升了线上的信任度。而社交新零售则通过社交网络做信任背书，让线上交易更高效。

你的好友韩梅梅向你推荐了一款她用后有效的减肥产品，于是你点开她推送的链接直接下单了。这期间你并没有对产品质量和支付安全有太多担心，因为这是韩梅梅推荐的，而你对韩梅梅足够信任。这便是社交关系做了信用背书。

社交电商巨头拼多多正是借助社交分享这一武器，快速获客拉新，裂变客户，并在三年内赴美上市。

而社交新零售企业除了借助社交网络获客拉新，还可以用社交玩法裂变消费商（社交渠道）。因为与朋友、强关系之间已经建立了足够的信任，因此你的好友韩梅梅向你推荐产品，你会购买，如果她再向你推荐经营这个项目的事业机会，你同样也会考虑一下。如果你对韩梅梅足够认可，你加入的概率会大大增加。而这一切对技术和资金的要求并不高，运营成本很低。

这就是社交网络赋能线上，让企业和商家用低成本获客拉新、裂变渠道。而且，随着社交网络的不断发展，社交货币化已经成为大趋势，未来，你可以用社交货币购物，也可以借助它获得创业启动资金。

3. 社交新零售：大数据、社交让鱼和熊掌可兼得

线上的跨度性和线下的即得性能不能兼得或融合？

可以尝试用三种方法来实现：

其一，让线下商品离你更近。缩短距离，可以提升你的即得性，让你能更快获得你需要的商品。如阿里巴巴的天猫小店，通过布局社区附近的门店，弥补电商辐射不到的方面。而且，因为有阿里巴巴的大数据，天猫小店知道这附近居民的消费画像，因此会让店主提前多进些更受这些居民青睐的商品。

其二，提升物流的速度。当你线上下单后，能很快获得你购买的商品，提升你的即得性。阿里巴巴布局全国物流体系，并用大数据赋能现代物流，它会根据消费记录预测客户的消费行为，将商品提前放到离你更近的货仓中，当你下单后，附近的快递员便会尽快送货上门。

此外，很多互联网巨头已经通过高科技来升级物流的速度。京东、亚马逊利用无人机送货，大大提升了物流速度。而物流巨头顺丰、中国邮政也早已试水无人机送快递。

其三，发展社区新零售。社区因为具备距离优势，离社区居民更近，天然具备新零售的基因。但在发展社区新零售的过程中，要融入社交元素，借助社交网络，让线上的跨度性和线下的即得性可以兼得。比如，现在的社区团购，便是通过新零售赋能，同时还融入了社交网络，社区的居民可以在线下单，然后到"团长"（关键意见顾客，英文缩写为KOC）这个社交网络中的重要情感联结者那边提货。在线上，"团长"在微信群等线上社群中与客户之间定期社交互动。在线下，"团长"与客户之间因为经常见面，通过人性化的社交服务可以拉近与客户的距离，增强客户的黏性；定期开展线下沙龙，还可以让客户之间有机会社交交流，增强客户的情感联结。

借助大数据和社交，让库存离消费者更近，物流送货更快，让消费体验更佳，让社交新零售插上了效率和体验的翅膀，大大提升了消费者的即得性和体验性。

综上，社交新零售是一条线上零售与线下零售无缝融合的双赢之路，社交新零售思维是一种开拓增量市场、深挖存量市场的思维。

线上线下打通的全渠道社交零售将是零售行业前进的大方向。未来，线下的实体店，将不再是简单的售货中心，而是商品的自提中心和配送中心，是消费者的社交中心和体验中心，它要强化自身在购物方面的体验性、可信性、即得性优势，并借助互联网和社交网络的赋能，提升高效性、便捷性、跨度性。

而线上零售则是与线下零售合作，其核心便是发挥自身高效性、便捷性、跨度性方面的优势，同时强化消费者购物时的体验性、可信性、即得性。

其实很简单，就是两个渠道之间进行优势互补，线上渠道为线下门店提供更易获取的产品和服务信息，并且预先告知消费者门店里有哪些东西。这将帮助门店提升影响力的辐射面积，让门店获得更大的客流量，而且这些流量将更为精准。反过来，线下为线上增强消费者购物的体验性、可信性、即得性，提升成交率，并通过线下门店将顾客吸引到线上，将客户与品牌绑定。这方面，小米、天猫小店、盒马鲜生的做法值得借鉴。

此外，无论传统企业还是传统电商卖家，要想低成本、低风险裂变流量、运营企业，需要从消费者、渠道商两个维度融合社交打法，布局社交新零售商业，提升零售效率，降低成本和风险，提高企业的盈利效率。

在以下章节中，我们将进一步阐述全渠道社交零售的必然性。

2.3 社交化是全渠道零售的必然

新零售时代的全渠道零售是线上线下结合，让客户获得更好体验的高效率零售模式。但随着社交商业的发展，全渠道零售还有一个大的趋向，即融合社交网络并充分发挥社会化协作的作用。

上班时，你发现同事韩梅梅穿的淡绿色连衣裙很漂亮，于是用谷歌眼睛扫描韩梅梅，获得了该款连衣裙的品牌、型号、价格等资料。中午，你用某手机App试穿该款连衣裙，并将试穿效果图发给闺蜜小美，小美点了个赞。随后，你用手机下单，下班后，你通过手机找到了附近的商店，拎着衣服回家。到家后你赶紧试穿，发现不仅合身，还很凸显你的气质。你很满意，在线上确认收货后，给了商家一个好评。

上述就是社交时代消费者社交购物的场景，也是全渠道零售社交化的一个体现。

全渠道零售的社交化已经成为大势所趋和浪潮。而随着这股势头的发展，社交板块将成为除线上板块、线下板块之外的全渠道零售的第三大板块。在此方面，世界500强企业小米、独角兽企业孩子王做了很好的示范。

2.3.1　全渠道零售的社交化趋势

全渠道零售的社交化有三个维度。

维度一：企业、从业者在服务中、消费场景中融入更多社交元素，建立口碑，并促进消费者在自己的社交网络中传播口碑。

维度二：很多新零售企业为了提升零售效率，降低运营的成本，会充分挖掘社交媒介、社交网络的价值，借助社交网络获客拉新，实现客户的裂变。如拼多多采用拼团模式，客户将链接分享给自己的朋友后，达到拼团人数，便可以用很低的价格买到心仪的商品。而拼多多则可以借助客户的社交网络，用低成本快速裂变客户，短时间获得快速成长，并在三年内赴美上市，成为社交电商第一股。

维度三：开拓社交渠道。蒙牛、娃哈哈、东阿阿胶等传统企业，为了降低运营成本，同时充分挖掘社交渠道的价值，借力社交网络，将消费者转化为自己的渠道商（也称为经营者、消费商、经销商），让其成为企业、商家的合作伙伴，这样他会更有动力通过社交网络向身边的好友推荐商品及企业。

小米线上板块有小米商城、小米有品，线下板块有小米之家，2019年还拓宽了社交板块，推出了小米有品有鱼这一社交电商项目。客户可以是消费者，还可以成为经营者，实现"自购省钱，分享赚钱"。

蒙牛于2018年1月进军社交零售，将社交元素与新零售充分融合，规划并推进社交新零售平台。平台重构了"人、货、场"，让信息流、资金流、物流变得更高效、便捷，大大提升了消费者的体验性、即得性。同时，平台融入更多社交元素，借助社交网络实现低成本获客拉新，并通过社交网络大力发展经销商，拓宽蒙牛的社交渠道。而蒙牛社交新零售的经销商在服务客户、团队时，会融入更多人性化、社交化的服务，用线上、线下、社交三板斧拓宽了服务的边界，提升了服务的质量，增强了客户、团队的体验感。

2.3.2 如何快速发展种子渠道商

缺乏渠道基础的中小企业，如果想快速裂变渠道，可以借力，那就是与其他拥有一定渠道的团队合作，直接将对方的渠道商嫁接过来，快速实现团队的裂变，提升品牌影响力。

这是某些社交新零售品牌起家的常用打法。品牌创始人找到一些有一定实力的团队创始人或在某领域有一定影响力的意见领袖，进行优势互补，快速裂变渠道，做大品牌。但前提是，品牌创始人要具备一定的实力或个人魅力，能吸引对方与你合作。而且要与合作方事先谈好利益分配，避免日后出现纠纷，影响品牌的长远发展。

2.3.3 利用现有渠道裂变渠道商

上述方案是针对那些缺乏足够渠道基础的企业，但有些传统企业已拥有一定数量的渠道商，此时可以采用另一个方法快速实现渠道裂变。

我有个社交新零售品牌创始人朋友语熙，她创立现有品牌之前，是在淘宝店铺经营她的护肤产品，并积累了一定的客户。某一天，她的一个老顾客主动联系她，说她的产品不错，帮助她解决了问题。然后顾客问她，有没有想过尝试开拓微信渠道，用社交新零售模式来运营这款产品，创建自己的品牌。语熙听了之后眼前一亮，于是和该名老顾客深度交流，听了她的一些建议，将之前积累的顾客陆续引流到自己的微信上。刚开始她只是以批发为主，发现借助微信渠道生意越来越好之后，她开始借鉴其他社交新零售品牌的做法，请人帮忙设计了分销模式，开始发展渠道商。就这样，这个护肤品牌专注于科学纯素养肤，借助社交新零售打法积累了大量顾客和渠道商。

总部在南京的某羊奶粉品牌想尝试转型社交新零售。我分析之后发现，该品牌的羊奶粉产品市场总体反应比较好，品牌美誉度不错，它还有一个很大的优势，那就是在南京乃至全国有三十几家连锁门店。我便建议将这些连锁门店的渠道商作为种子，发展为社交新零售渠道的渠道商，在此基础上进行裂变，这样效率会很高。

而母婴童品牌孩子王在转型社交新零售时，则是将平台已有的大量宝妈宝爸客户转化为种子渠道商来裂变渠道的。

上述案例给了传统电商、传统企业和商家一个升级思路，就是充分利用现有资源，采用社交新零售打法，将现有客户转化为渠道商。现有客户对产品及品牌已经有了一定的认知和忠诚度，转化为渠道商之后其黏性比较高，团队比较稳定。在现有的这些种子渠道商基础上进行裂变，品牌的发展速度会比较快。

2.4 世界500强小米的全渠道社交零售：提升坪效，融入社交渠道

2018年2月，Google发布的《2018年中国出海品牌50强报告》显示，小米在中国出海品牌排名中仅次于联想、华为和阿里巴巴，排名第四。

2019年7月，《财富》杂志发布2019年世界500强排行榜，小米排名第468位。

但在2016年，雷军和马云一样，还在为电商平台发展遇到的瓶颈而深思。雷军反思道，"小米最大的错误是忽视了线下"。此外，雷军还有了三个全新的认知：其一，电商无法解决所有问题；其二，小米需要增强消费者的线下体验质量；其三，新零售的本质是效率移植。

而在思考之后，马云提出了新零售的概念，并在1年后交出了盒马鲜生这份答卷，而雷军则将小米之家升级了。

马云提出新零售概念后，同年小米创始人雷军也对外阐述了自己对新零售的理解：新零售就是更高效率的零售。客观来说，雷军对新零售的阐述更通俗易懂。无论线上还是线下，好的零售本质上都是企业为消费者提供优质的商品，借助互联网等新技术结合大数据驱动零售，提升零售的效率，让客户端的消费者获得高便利性的同时，能购买到高性价比的商品，即获得更好的即得性、体验性。

同时，随着中国互联网、社交媒介、社交网络的发展，企业可以借助社交网络等新科技，提升坪效，降低包括人工成本在内的运营成本，让运营端的成本更低，效率更高。

目前，已进入世界500强行列的小米，以线上、线下、社交三方渠道充分融合的全渠道零售在社交新零售行业成为领军品牌，践行着雷军的新零售理念。

2.4.1 小米的渠道革命：打通全渠道零售

小米的线上板块有小米有品、小米商城，线下板块有小米之家，社交板块有有品有鱼，小米通过线上、线下、社交等多维度布局打通了全渠道。

米家有品、小米商城、小米之家是小米布局新零售全渠道的重要平台。前两者是针对线上渠道，小米之家是线下渠道。

小米通过小米有品、小米商城、小米之家打通了线上线下，突破了小米渠道的时间、空间的局限性，通过全渠道服务，改进了客户的体验性和即得性。你去小米之家门店购物，喜欢的商品当场就可以获得。如果门店没有，你可以在小米有品、小米商城购买。

此外，与盒马鲜生类似，小米的线下渠道小米之家还起着为线上引流的作用。当你在门店购物时，店员会引导你安装小米商城App。你下次购物时，在家打开小米商城用手机即可以购物。对你来说，这可以让你有更多的商品可以选。对小米来说，在无须增加租金的情况下便可以提升复购率。这是一种双赢。

而小米的社交板块则让小米这家新零售企业能充分借助社交网络的"洪荒之力"，让小米的服务和运营中融入更多社交元素和游戏化玩法，赋能和拓宽全渠道，增强小米全渠道营销的效果，提升全渠道零售的业绩。

2.4.2 线上板块：从小米商城到小米有品

目前，小米的线上板块主要有小米商城和小米有品。

1．小米商城

小米商城是小米旗下的电商平台，该平台通过"舰队模式"，横向多元化，打造小米的生态链体系。小米商城的商品主要是小米自己生态链的产品，约有2000种产品。

小米商城拥有小米自主研发的手机、电视（盒子）、移动电源、路由器、运动手环等一系列产品。商城商品最大的特点是：高颜值+高品质+高性价比。这也是雷军参观完Costco之后所坚持的创业理念，即让小米客户用实惠的价格购买到高品质的商品，获得高性价比的购物体验。

2. 小米有品

小米有品的前身是米家有品，后来更名为"小米有品"，属于小米平台与第三方供应链、商家合作搭建的有着小米基因但又区别于小米商城的电商平台。

小米有品是筛选爆品的平台，约有两万种产品。小米有品仍然在践行雷军的创业理念，除了具备高颜值、高品质、高性价比，和小米产品一样，拥有科技基因，科技感十足。

2.4.3 线下板块：加速发展线下小米之家

当线上零售遭遇业绩天花板，线上线下融合便成为互联网企业的共识和不得不考虑的战略规划。小米也不例外，新零售成为小米突破业绩天花板的重要布局。

小米以高性价比的高品质产品为业界熟知，因此，布局线下门店时其高性价比的商品的利润是否足够支撑运营成本并盈利，业界很多人士对此持怀疑态度。此前，手机企业通常采用两种方式来布局线下渠道：其一，与渠道商和经销商合作，如华为；其二，让渠道商和经销商持股，成为企业合伙人，如OPPO和vivo。这两种合作方式都意味着企业的商品要有足够的利润来分给合作伙伴。

而小米如果在线上线下商品同价的情况下也采用上述方法发展线下渠道，其商品利润很难支撑运营成本，更不用说盈利。但雷军又很想用互联网的技术和打法来玩转线下渠道，不想轻易放弃，那怎么办？

经过长期思考和调研，雷军决定去掉一切中间环节，采用自营模式，让互联网帮助线下渠道插上高效高质的翅膀，这就有了后来的小米之家。也就是说，与一般传统企业不同，小米之家追求的不是极高的毛利，而是极高的效率。这与新零售的理念极为契合。

小米之家的商品来自小米和米家，筛选后的SKU在20个左右，商品约200种，更像是Costco和无印良品的复合体。小米之家不仅销售小米手机、电视（盒子）、笔记本电脑、手环等小米生态体系的商品，也卖剃须刀等米家生态链的商品。

小米之家为了提升零售效率和坪效，选址对标快时尚，通过丰富的商品品类，促进消费者由低频消费变为高频消费。而小米之家挑选商品时，会结合大数据，优选那些高销量的爆品，并根据门店附近的消费者画像，选择更适合当地消费者线下需求的商品。

小米之家在增强消费者的即得性的同时，其另外一大特色是体验感强。小米之家在平均5000平方米的空间通过科学布局，在充分展示精心挑选的商品的同时，还让购物变得更轻松、体验性更好。我去家附近的小米之家体验时，浏览完时尚、年轻、科技感十足的商品，累了可以坐到靠窗户的椅子上或小米大屏幕电视机前的沙发上刷会儿微信。这让我觉得在小米之家购物很惬意。

此外，小米之家将线上线下充分结合，你在线下体验之后，可以在线上下单，当场拎走商品，也可以让店员送货上门。而当你宅在家里时，需要购买某种商品时，可以拿出手机在移动端下单，很快便会收到小米的商品。

2.4.4　社交板块：小米新零售的社交战略

严格意义上，不同于一般互联网企业和传统电商企业，小米是靠社交起家。小米以粉丝经济闻名，而小米模式的粉丝经济，其核心基础是社交网络。

1. 借力社交网络，发挥大众智慧，优化客户服务

早在产品研发期，小米便通过社交网络与客户深度交互，充分发挥社交网络的力量。

小米在推出首版MIUI操作系统前，在小米社区论坛中筛选出了100名种子客户，这些米粉愿意将自己手机上的系统更换为小米MIUI系统，并配合完成系统的测试。小米的七位创始人都保留着这些种子客户的手机号码，当第一版小米手机上市时，这100名客户的名单出现在了小米手机的开机页面上。小米成立三周年时，公司还专门为这些客户拍摄了微电影。可以说，这100名种子客户成了小米社群的起点和小米传奇的星星之火。

具体而言，小米做了如下工作：其一，早在小米进军智能手机之前的2010年，小米通过搭建社区论坛，让客户之间可以社交联系，同时也加强了与客户之间的联系和互动；其二，小米通过设立社区客户升级规则和奖励机制，从社区客户中挖掘KOL和米粉；其三，从KOL和客户中选出一部分人参与产品的设计和研发，发现客户需求，优化产品，让小米产品更契合米粉的诉求。比如，小米让社区论坛的客户参与MIUI系统的设计、研发过程。正是通过上述社交环节，小米搭建了"产品—客户—产品"的闭环。而今，小米MIUI社群的功能建议数超过了150万，buglist累计发帖数超越200万。

此外，小米每次举办活动，都会发动小米粉丝，让粉丝参与到小米的成长过程中。

小米与客户的社交互动，一是贡献了客户的社交智慧；二是好的客户建议被采纳，客户能感受到自己的建议落实在小米产品上，变成了现实，这大大提升了客户对小米的好感、积极性与黏性，为后期小米进军智能手机领域奠定了良好的群众基础；三是小米在初创期，不需要在广告上投入大量资金，利用米粉的社交分享、传播，便可以达到推广小米品牌和产品的目的。

可以说，雷军等小米创始人深谙社交营销之道。

正是因为尝到了社交网络营销的甜头，小米将社交媒体的运营和营销提升到了战略高度，开始搭建自己的社交媒体矩阵。目前小米主流的社交媒体包括小米社区论坛、微博、QQ空间、微信生态、抖音、小红书。

小米社区论坛主要吸引、聚合更多米粉，获取他们的创意和反馈。

微博和QQ空间除了帮小米吸粉，还起着发布小米信息、传播小米品牌、打造小米影响力的作用。

而微信公众号、小程序等微信生态则帮助小米与客户深度交互，为他们提供更好的服务。

小米充分运营社交媒体，并借助出色的CRM系统与客户深度交互，不断挖掘客户的持久价值。

2. 拓展社交电商渠道，发挥社会化协作作用

这些只是社交网络在小米客户层面发挥的影响和作用，随着社交电商的火爆，小米开始意识到社交网络不仅能让粉丝成为客户，如果小米充分挖掘社交渠道价值，还可以借助低成本的社交网络，让客户成为渠道和合伙人，而渠道对小米的发展其作用同样不容小觑。如果能发挥渠道的积极性，不仅可以提升总的业绩，还能降低运营成本。基于这些因素，2019年，小米开始布局正发展得如火如荼的社交电商平台，推出了有品有鱼社交电商项目，正式进军社交电商。有品有鱼项目，拓宽了小米的社交板块，让小米的客户在消费小米商品的同时，还可以成为小米的经销商和合伙人，发挥其社会化协作作用。这一点与会员电商云集类似。

小米有品有鱼平台最大的特色是，融合了社交元素，通过社交网络分享，平台上的客户花396元购买会员礼包成为会员之后，既可以自购省钱，还可以成为销售者，实现分享赚钱。这就将新零售与社交网络充分融合，拓宽了小米的社交渠道，既提高了零售的效率，又降低了运营的成本，同时还裂变了渠道，将小米的私域流量转化为私域电商，充分发挥客户的积极性和潜能。

2.5 独角兽孩子王的全渠道社交零售：促进私域流量的变现和增值

吴声的场景实验室联合《哈佛商业评论》、"吴晓波频道"评出2017年度新零售TOP10，五星控股旗下的孩子王超过盒马生鲜、拼多多等当红新零售品牌，紧随小米之家、超级物种，排名第三。

独角兽企业、母婴童品牌孩子王成立于2009年4月，总部位于南京，是国内母婴领域领军的家庭全渠道服务商品牌，专门为准妈妈及0~14岁的孩童提供产品和服务。孩子王拥有线上、线下两个服务平台，连锁门店、直购手册及电子商务三大渠道，是母婴领域的全渠道新零售品牌，已服务超过2700万中国新家庭。

2.5.1 线下门店：客户数字化＋员工IP化

2009年12月，孩子王在江苏南京建邺区万达广场开出首家近8000平方米的实体门店。这在当时引起了不小的轰动。因为彼时只有大型超市和家电零售店才会拥有这么大的面积，而孩子王这样的母婴零售店客流量不如商超大，客单价不如家电门店高，高成本下的盈利成了一个不小的挑战。然而，数年后，已经成为独角兽的孩子王用业绩回应了质疑。

截至2019年6月，孩子王在中国19省份连锁门店已达284家，单店平均面积5000平方米，商品种类超过20000件。

这些线下门店有一个共同点，那就是以"商品+服务+社交"为内容的数字化门店（图2-5）。

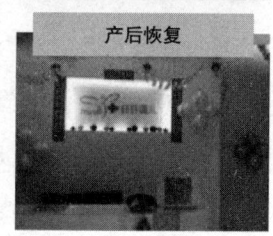

图2-5 孩子王的线下门店

（图片来源：孩子王官网）

1. 一切为了客户：社交化、数字化经营顾客关系

孩子王以"经营顾客关系"为核心理念，以客户服务质量和满意度为考核标准。其经营的顾客关系包含三层关系：客户与商品的关系、客户与客户的关系、客户与育儿顾问的关系。

（1）客户与商品的关系：客户数字化，不求规模，求单客增长

孩子王设有精准营销部门，专门负责对客户数据的研究和数据价值的挖掘。

孩子王根据客户的精准需求，为其定制商品。但孩子王并非只为某个客户定制商品，而是基于平台积累的大数据，为拥有某一需求的客户群体规模化反向定制某些商品，发挥C2B模式的作用。

在这样的服务模式下，孩子王无须一味扩大客户规模，而是服务好已有客户，充分挖掘其终身价值，实现单客增长。

（2）客户与客户的关系

孩子王有自己的客户社群，在群里客户之间可以社交互动。孩子王App中有社交内容板块，准妈妈、新妈妈在上面可以发布自己的心情、育儿感悟、使用产品的感悟及疑惑，其他客户可以跟帖互动，也可以帮助解答问题。

（3）客户与育儿顾问的关系

为了提升客户体验和服务质量，孩子王培养了6000名以上的育儿顾问，其中认证育儿师2000人，育儿专家500人，在门店员工中占比超过80%。这些育儿顾问均经过国家专业认证，拥有专业母婴护理师资质、儿童成长培育师资质、营养师资质，为母婴童提供"私人订制"式的育儿服务。在孩子王App中，会展示育儿顾问的评级和客户评价，让消费者对为其提供个性化服务的育儿顾问的专业度和历史服务记录一目了然。

育儿顾问除了具备专业的产品知识，还拥有丰富的育儿知识和经验。他们除了给母婴童提供针对性的精准服务，还会到社区为准妈妈、新妈妈讲课，同时还能提供上门为宝宝理发、上门母乳喂养指导等专业服务。因此，在客户心目中，育儿顾问不再是普通的销售员，而是IP化的专家和朋友。我之前工作的微谷中国，除了是一家社交电商、新零售的服务公司，还是一家教育培训企业。在工作期间，我发现讲师成交客户比普通业务员更容易，因为讲师的专业度让客户认可他的IP形象，自然更容易促成成交。孩子王的育儿顾问也类似于这种情况。

当你购物时，育儿顾问会与你聊天，了解你的基本情况、当下需求，然后提出相应的建议。这种人性化和专业度相结合的服务，会让你把服务者当作自己的朋友，而非仅仅是推销员，这就大大拉近了彼此的关系，提升了你对她的好感度，后期育儿顾问再根据你的需求介绍相关商品时，你的接受度会更高。

同时，孩子王员工都配有"人客合一"的掌上服务工具，借助这个工具员工可以与客户社交互动,还可以了解这个客户的消费情况,再结合大数据的分析结果,员工可以及时了解该客户的一些详细资料,方便员工采取相应措施来跟进客户,并促进他消费。"人客合一"工具让员工为客户提供全程在线服务,进而实现"1个店员管理350个会员",将会员转化率提升至76%、复购率提升至80%以上。

"客户数字化+员工IP化"为孩子王客户配备"工程师+育儿师"服务,分别解决数字化问题和情感问题。

2. 体验为王:融入情感和社交

孩子王线下门店"周周有活动、月月有主题",并融入更多娱乐化的社交玩法,大大提升了母婴童的体验感。

针对准妈妈、新妈妈,门店会定期举办孕博会、新妈妈学院、社区妈妈班、特色亲子互动活动等满足孕产妇、宝妈的主题活动,针对孩童,则有儿童文化艺术节、爬爬赛、三好学堂、宝宝生日会、冬、夏令营等一系列能让孩子健康、快乐成长的活动。可以说,孩子王不仅是妈妈的育儿机构,还是超级儿童社区。

这些活动最大的特色是,融入情感和社交,让妈妈在获得相关育儿知识的同时,能获得精神情感安全方面的满足和体验。而亲子类活动,则促进孩子与父母、他人互动,从小开始培养孩子的社交能力。

孩子王通过商品服务化、场景服务化、内容服务化,增强服务的溢价能力。而这些高质的服务,其目的是增强客户的体验感。

3. 社交化智慧门店:社交新零售的趋势红利

2017年9月在苏州开业的第六代G6智慧门店,是孩子王对社交新零售的一次尝试和实践。

孩子王的G6智慧门店主打五个核心:

关系化:打好情感牌,用真心经营好客户关系;

场景化：在全渠道背景下构建全场景营销和服务；

数字化：借助孩子王平台大数据打造智能化系统；

内容化：育儿顾问持续输出高质内容，负责搭建内容生态；

社交化：线上线下融入更多社交、互动，提升客户体验感。

上述五个核心正契合了社交新零售的主题和核心。这让孩子王在社交新零售渠道的发展前景更为可期。

此外，G6智慧门店还有以下三个特色：

（1）社交互动属性增强

为了让父母与孩子有更多空间社交互动，提升客户的体验感，G6智慧门店减少了商品展示区的空间，增加了亲子娱乐的空间。

（2）从宽泛化转为精准化

为了让客户的体验更为高效和高质，G6智慧门店借助孩子王平台的会员大数据，深入挖掘客户需求，充分满足客户的需求，为客户展示更为精准化的商品。同时，门店还为会员推出专属及定制商品，发挥了C2B模式的作用。这就大大提升了客户的黏性及满意度。

此外，随着消费升级，为了满足中高端需求，G6智慧门店对商品进行了调整，增加了更多中高端商品，其占比大于所有产品的45%。

（3）无界服务，让服务随时随地

G6智慧门店推出由实名育儿顾问提供的点对点的线上线下一体化的"7×24小时"育儿服务，让母婴童客户可以不受时空限制，随时随地获得无边界的服务。

此外，G6智慧门店借力技术，让线上线下服务充分融合，让客户获得无差别的高效服务。你带着孩子在门店游玩时，孩子看中了一款玩具，你只需要扫码下单，便可带着玩具回家。到了家里，你想起还有一款商品要买，你拿起手机扫描购物袋上的条码，或在孩子王App下单，门店便会尽快将商品配送上门。

2.5.2 线上平台：PC端、移动端全布局

早在首家孩子王门店开业之前，孩子王便开始布局O2O，并于2009年11月上线了全国最大的妈妈在线育儿交流平台——妈咪妈咪。同时，孩子王也在加快布局电商。除了天猫、京东等传统电商平台，孩子王还设有PC端的孩子王商城。

当移动互联网浪潮席卷全国时，孩子王也洞察到了其中的趋势和商机。2012年底，孩子王举办首期微信团购活动，2014年3月1日，孩子王官方App试运行。而今，孩子王除了App，又上线了微信公众号、微信小程序等移动端平台，旨在更好地服务客户。

2014年7月，孩子王与SAP公司合作，正式朝向数据驱动型的全渠道零售商转型。

由此，孩子王加快了全渠道零售的布局。

1. 孩子王App

孩子王App除了与其他电商平台类似的商城板块，还设有社交内容板块。该板块包括成长学院、人脉地图、Wala精灵、育儿顾问四大块。

其一，成长学院。大咖讲堂、孕产健康、育儿护理、亲子成长、艺术修养等内容可以满足准妈妈、母婴童等成长需求。

其二，人脉地图。点开该板块，你可以直接联系到你需要的育儿顾问、店长、专家医生等你需要的人员。找群功能，帮助你找到同城、同门店、粉丝群等社群，让你能链接到相关群体。

该板块还设有找圈子功能，找圈子最大的特色是融入了更多社交元素和玩法，方便准妈妈、新妈妈进行社交、互动。你可以将你怀孕期间每天的心情、育儿心情发布在辣妈心情板块。而孕妈圈、育儿交流板块则可以发布你的育儿心得、育儿疑惑、使用产品的感受，热心的圈友看到后会跟帖，互帮

互助，在社交的同时又能让你获得更大的收益。

其三，Wala精灵。Wala（哇啦）精灵、Hula（呼啦）精灵、Hala（哈啦）精灵为孩子王的三个人格化的吉祥物。孩子王App平台用的是Wala精灵这一吉祥物。该板块主要为准妈妈、母婴童提供育儿知识、亲子电台、专家在线等服务，满足母婴童的基本需求。

其四，育儿顾问。育儿顾问是社交内容板块的一大特色。当你点击进去时，一名平台为你推荐的育儿顾问个人形象照展现在你眼前。该名育儿顾问的下方会展示她的口碑评分，个人从业经验、擅长方向、联系方式，提供的服务（抚触、催乳、母乳喂养指导、为宝宝理发等）及价格，顾问风采（包括个人生活照、为母婴童提供服务的照片、团队照片等图片），团队成员，咨询记录等。上述内容很快便会建立一个可信、专业、靠谱、热心的育儿顾问形象。孩子王的育儿顾问比较特殊，既是孩子王的专家式员工，又类似于孩子王的合作伙伴。你可以在线咨询她，也可以联系她的微信或电话。这种人性化、专业化的服务是孩子王增强客户体验、提升客户黏性和复购率的重要一环。

2. 孩子王公众号

孩子王的微信公众号相当于孩子王的微官网，除了线上商城功能，还包括每日签到打卡、每日抽奖、官微福利、现金打卡、积分兑券、领券中心、在线客服、社群等功能。此外，孩子王公众号定期会输出与母婴童相关的内容，但以分享活动信息、推广产品为主。

总体而言，孩子王的公众号更侧重于购物功能。

3. 孩子王小程序

孩子王的母婴童商品和服务精选小程序，除了线上商城功能，还为客户展示同城线下门店的商品和服务。门店的商品以本店推荐的商品为主，而同城门店的服务则以亲子互动活动、育儿服务、孩享租、服务团队支持等服务为主。为了方便客户，小程序的购物车分为商城购物车、门店购物车两类。

小程序还有一大特色，那就是设有"附近"板块，上面展示了全国各个城市的本地第三方合作商家。商家服务的范围基本涵盖了早教、摄影、游乐、才艺、运动、孕产等母婴童需要的服务。客户可以选择适合的商家，然后在小程序上直接下单。

孩子王的母婴童商品和服务精选小程序以微信为载体，使用方便，既可以满足客户的便捷需求，同时还能借助微信的流量入口，实现获客拉新。

2.5.3 线上+线下：渠道数字化赋能零售

渠道数字化是孩子王等新零售品牌的重要战略方向。

1. 客户数据化

孩子王根据自身优势，积累了大量私域流量，在此基础上，孩子王充分挖掘客户数据，将孕期、宝宝成长数据等母婴童大数据规范化、数字化、精细化，甚至用400+便签来备注客户。根据这些详细的客户数据，孩子王赋能员工和平台，为客户提供更为个性化、针对性、精准化的服务。

孩子王的育儿顾问借助孩子王的App、掌上工具，可以了解客户的消费记录及近期交易情况，同时针对客户的实际需求，在与其社交互动时能更有效、更充分地与客户沟通，提出有针对性的方案，帮助客户高效地解决相应问题，做好客户关系的维系。

2. 渠道数字化

借助互联网等新科技，孩子王可以将线上线下充分融合互通，实现渠道的数字化，客户在门店购物，与盒马鲜生类似，需要在App上下单，然后拿货走人，也可以让门店送货到家。而客户在家里或上班时，也可以在孩子王App上选好商品下单，然后等着送货上门，也可以直接到附近门店去提货。

孩子王的全渠道零售，借助平台会员数据积累，通过新科技赋能，提升了全渠道零售的信息流、资金流、物流的效率，线上线下融合，让客户在获得高效性、便捷性、丰富性购物体验的同时，还能在体验性、可信性、即得性方面得到满足，真正践行了新零售的理念。

2.5.4 社交化服务：放大客户的终身价值

场景化的服务，可以借助优质的服务，增强客户的体验感，提升客户的留存率，还可以通过已有客户的口碑相传，吸引更多新客户到现场体验，同时解决了流量的留存和裂变问题。

2018年，孩子王销售额突破100亿元，其中服务贡献了40%的业绩。

孩子王的门店不单纯只是个母婴卖场，更像一个母婴服务中心和客户自己的店。孩子王门店内有孕妇服务中心、育儿服务中心、儿童娱乐中心等基于母婴人群的服务，几乎将附近3千米以内的母婴类服务都涵盖进来，而这些服务空间占了门店的2/3。

孩子王每年举办的活动在1000场左右，其中一部分活动由其他付费入驻的第三方母婴服务机构举办。举办线下活动，一是可以增加人气；二是可以提升客户参与度与黏性；三是可以增加孩子王门店的收入。

借助场景化的服务，企业既可以将其私域流量池变现，还可以借助增值服务充分挖掘、放大客户的价值。

此外，场景化的服务，不再局限于线下。新科技的发展让场景化的服务由线下到线上，无处不在。企业可以在微信公众号、小程序、App中融入一些线下的服务场景。

如孩子王的App平台除了是母婴商城,还融入了众多场景化服务。你打开孩子王App,展现在你眼前的,并非是当日爆款、秒杀产品推荐,而是一些育儿服务(如月嫂服务)、育儿活动(如周末的脑科学育儿讲座)以及育儿顾问。

此外,孩子王还实现了客户购物的线下线上衔接。客户可以在孩子王App下单,等着送货上门。也可以在门店用孩子王App下单,然后选择拎着商品走人,或者由孩子王派人送货上门。

场景化的服务让孩子王能充分挖掘和放大平台私域流量的终身价值。

2.5.5 社交玩法:获客拉新、裂变社交渠道

孩子王的社交新零售存在两个维度。

维度一:客户服务的社交化。

孩子王无论是线下门店,还是线上平台,都融入了富有娱乐性、趣味性的人性化社交玩法。线下,有专业育儿顾问与父母、孩童互动,让客户获得有温度的贴心服务和高质体验。线上,融入更多社交内容,并有专业服务者在线服务。

维度二:发展社交渠道。

孩子王一方面借助社交网络获客拉新,让客户通过分享裂变新客户。2019年上半年,孩子王与滴滴打车合作,举办拼团活动。客户分享拼团链接组成5人团后,将可以用1元的低价购买到滴滴打车优惠券。该活动在帮滴滴打车裂变客户的同时,也让孩子王借助社交网络实现了客户的裂变,同时还让老客户享受一定的福利。

另一方面,2018年下半年,孩子王还上线了社交电商项目妈妈赚,借力社交网络裂变客户和渠道。妈妈赚采用邀请制,客户要有邀请人才能成为会

员，当客户花299元或399元购买指定商品后可以成为平台的经营者，不仅可以自购省钱，还可以分享赚钱。孩子王借助妈妈赚项目，大力发展社交渠道，用低成本的社交网络大力发展自己的客户及合作伙伴。

2.5.6 孩子王社交新零售的组织结构优势

孩子王是典型的线上板块、线下板块、社交板块高度融合的全渠道社交零售企业，它的线上、线下、社交渠道并非简单地叠加，其线上客户与线下客户的重合度高达90%。

正是因为三大渠道的高度融合，现在的孩子王重点是做好这90%的客户的维护，深挖存量市场，活动开展、客户服务都是围绕着这群客户统一规划、实施，其运营管理团队也是同一套班子。这就实现了孩子王运营管理、会员维护、物流仓储的一体化。

孩子王总部职能部门的组织架构设立的基础是"顾客研究、顾客支持、顾客经营"这三大经营板块。此外，为了增强会员服务的能力，孩子王还专门成立了会员中心这一一级职能部门，目前该部门已经形成了一套成熟、完备的会员体系，设有"会员研究、会员互动、会员营销"这三大模块。

为了强化育儿服务这一孩子王的优势项目的竞争力，孩子王建立了母婴行业的第一所大学"孩子王育儿大学"，推动母婴行业的规范发展与相关标准的建立。孩子王育儿大学还与一些政府机构认可的培训机构合作，建立培训基地，培养学员的育儿能力。借助孩子王的行业地位和资源优势，育儿大学整合了育儿领域内的一些专家，一起建立了包括育儿、心理、家庭教育、营养、实用技能在内的育儿大学的五大知识体系。截至2018年10月，全国已有69所孩子王育儿大学。

2.5.7　全渠道覆盖，打造企业私域流量池

孩子王将线上、线下、社交网络融合，实现全渠道的覆盖，加快全渠道零售的布局，同时裂变私域流量，打造私域流量池。

1. 全渠道获取私域流量

在微信时代，微信是中小创业者打造私域流量池很好的一个社交工具。然而微信作为私域流量的载体始终有局限处，私域流量池主要遵守微信平台的各种游戏规则。而随着微信对其平台公域流量的重视程度加深，平台陆续出台各种政策来限制玩家获取私域流量或将私域流量变现。因此，一些拥有前瞻意识和一定实力的商家、企业开始研发自己的App，并将私域流量导入或留存在自己的App平台上。孩子王便是其中一个。

孩子王现在全渠道客户已达2700万，其中付费黑金会员50万，微信公众号粉丝超500万，App装机数1500万，小程序注册客户超500万。如此规模的客户量，如果只是放在个人微信号等微信生态体系中，显然风险很大。因此，现在孩子王更倾向于通过全渠道获客，然后将客户导入自己的App中，打造自己的私域流量池。

孩子王的全渠道获客，主要通过线下门店、公众号、小程序等"触手"。

孩子王在全国拥有300家门店，这些线下场所方便员工与客户充分社交互动、建立信任，积累私域流量，将其导入孩子王App中。此外，每家门店每年要举办近1000场线下活动，这是孩子王员工与新客户社交互动、建立信任的另一个良机。

孩子王公众号、小程序作为移动社交时代微信生态下的社交工具，是孩子王获取线上社交流量的一个良好载体。孩子王可以在公众号、小程序中设置一些有吸引力的"鱼饵"，引导客户下载或进入孩子王App中，将他们设法留在App中。

企业打造私域流量池的关键在于重塑企业与客户之间的关系，将"货、场、人"调整为"人、货、场"，将客户视为有生命的个体而非冷冰冰的流量，与客户充分建立信任和熟人关系后，让客户"喜欢"上你，通过后期的增值服务来充分挖掘客户及其社交圈的价值。

当然，孩子王打造私域流量池的方法更适合那些已拥有一定客户规模和资金实力的企业或KOL。而普通人或中小企业、商家打造私域流量池，目前仍然首选个人微信号，借助一些简单的工具积累私域流量和客户数据，并通过服务实现客户的变现。因为个人微信号具备出色的CRM和支付系统，更适合作为移动互联网时代私域流量的载体。

2. 平台社交化，实现客户留存

如果一个平台积累了很多私域流量，但无法实现私域流量的留存，那么对平台而言，这些私域流量的价值很难变现和被充分挖掘。因此，孩子王在具备2700万规模客户的情况下，当下之急是解决私域流量的留存问题，然后才是全渠道零售和变现。

为了让客户愿意留在App中，同时仍然能享受到与微信平台类似的社交体验，孩子王App研发出与微信类似的IM、CRM、社群功能等板块，客户在孩子王App中可以社交聊天、建群、互发红包。

孩子王通过线下、线上（PC端+App+公众号+小程序）、社交网络全渠道来积累客户、经营者，同时也借助全渠道实现客户和社交渠道的裂变，进而全力打造孩子王平台的私域流量池。

第3章 社交新零售的取胜法宝：让服务插上效率和社交的翅膀

社交新零售时代，为什么要重视服务？如何借助互联网和社交网络让服务插上高效的翅膀？索尼、蒙牛等大的社交新零售品牌在做服务营销的过程中有哪些值得借鉴的方法和经验？

3.1 服务营销为什么重要

为什么随着中国经济的发展、新零售的进化、社交新零售的革新，服务营销的重要性日益突出？

3.1.1 马云：新零售不是卖东西，而是服务好客户

在2017中国（深圳）IT领袖峰会上马云表示，未来30年社会的变化将超乎想象，而未来10年，互联网将加速零售、金融、技术领域的变革，形成新零售、新金融、新技术。美国传统零售做得不错的企业，绝大部分都是学会

去服务好客户，而不是仅仅卖东西给客户。在过去10年，中国的传统零售几乎都是在想方设法销售东西，而非服务好客户。将来，这种以零售为主的模式将转变为以"服务+零售"为主的模式，这将是一种巨大的变革。

马云甚至预测，未来30年，是服务别人的竞争：之前是肌肉竞争，后来是知识竞争，现在是体验竞争。所以未来30年，女性力量将蓬勃发展。"其实阿里巴巴比较得意，我们47%的员工是女性，所以才会让我们的体验做得相对好一点……"马云在2017年IT领袖峰会上如是说。

连续创立三家百亿级企业的企业家、华住集团创始人季琦也指出，未来几十年"中国服务"将取代"中国制造"，成为中国经济的主要增长引擎。而未来服务业将出现大量创业、投资、创富的机会。

而2016年马云提出的新零售，是指以消费者体验为中心的数据驱动的泛零售形态。提升消费者的体验性是新零售和社交新零售的关键，而要提升消费者的体验性则离不开优质的服务。

由此可以预测，服务将成为未来企业的核心竞争力之一，服务营销将成为企业和创业者必修的一门课。

3.1.2 效益之源：社交新零售时代更加重视服务

在温饱还成问题的时代，对普通民众来说，购物有点奢侈。而当温饱问题解决后，购物则成了一种生活方式。但在商品缺乏的时代，能买到需要的物品，是消费者的普遍需求，享受服务是种奢侈的行为。而随着新消费时代的到来，产品极大丰富，甚至有点过剩，零售企业的话语权减弱，消费者的话语权日益增强，成了商业的中心。此时消费者的需求已经转向了产品品质、精神满足、高体验。这也是本次新零售革命出现的大背景。产品品质、精神满足、高体验，都离不开服务。

关于服务，学术界有多种看法，现在普遍认同的定义是，服务具有无形特征，它是可以给人带来某种好处或满足感的一系列活动、过程和结果。比如，你去美容院体验护肤，这本身是种活动和过程。护肤的结果是双向的，当你护肤完，你获得的好处是，你的皮肤变得更好了；而美容师这个服务者则获得了收入。

王跃梅等学者在《服务营销》一书中指出，服务在现代经济中扮演着重要角色，在美国和加拿大，服务业对GDP的贡献率分别高达73%和67%，在其他发达国家服务业对GDP的贡献率也类似。服务业在对国家GDP做出巨大贡献的同时，也在社会就业中发挥了不小作用。世界银行的统计数据显示，在过去近40年中，美国服务业为美国带来5000余万个就业岗位，在缓解美国经济衰退产生的就业压力和促进美国经济复苏中起着举足轻重的作用。而在日本，服务业从业者在就业人数中占比已超过70%。除了发达国家，在拉美国家和加勒比沿岸等众多发展中国家，服务业对GDP及就业的贡献率均大于50%。

而研究也显示，随着一国经济的发展及人均GDP的增长，服务业在国家经济及国民生活中发挥的作用及影响力也将不断提高。这意味着服务经济时代的来临。

在服务经济时代，除了服务业愈发重视服务营销的战略和影响，很多制造企业及平台也意识到，在竞争日益加剧的当下，通过优质服务来提升消费者的体验性和忠诚度，加强企业的竞争力，已经成为当务之急。而且服务还可以带来服务溢价，而随着新零售时代和社交新零售时代的到来，服务溢价的功能日益突出。母婴童品牌孩子王是这方面的受益者。孩子王之所以能在单客经济方面获益，便是得益于其会员服务的质量放大了客户的终身价值。

目前，中国乃至全球的很多企业已经加大了对客户服务及体验的资源投入。可以说，服务将成为服务经济时代企业提升效益的重要源泉。对社交新零售企业也是如此。没有服务，社交新零售将成为无源之水。

3.1.3 无处不服务：让你的服务处处可见

服务营销的本质是通过为客户提供服务，进而将自己的产品、品牌、创业机会营销出去。无处不服务作为服务营销的最高境界，其根本就是，企业和从业者心中没有套路，只有真诚，要心中装着他人，装着自己的客户，真心想通过服务为他人提供价值。

面对客户，你可以像对待朋友、家人一样与他们相处，为他们提供最新的健康、美容知识，最新的产品知识，让客户觉得和你相处、交往时既轻松，又能有所收获。

也可以通过朋友圈、微博、微信公众号等社交工具为客户提供价值。不建议社交新零售从业者经常发硬广。无处不服务要求企业和从业者能尽量减少硬广，通过软广、生活化展示，将品牌理念、品牌文化、创业的价值观、对生活和人生的感悟分享给客户。让客户无时无刻都能感受到我们的价值、无形服务与营销，这样既不会让客户反感，又能达到服务营销的目的。何乐而不为？

我有个品牌方朋友，她现在在生活、工作、出差、学习、旅行时，都会将自己的产品和品牌Logo带在身边，随时随地拍照，并将自己的产品或品牌Logo融入环境和照片中，让社交圈好友在看到她的朋友圈动态时既能感受到她这个真实的人，又能很自然地接纳她的产品和品牌，真正实现了无处不营销、无处不服务。她还经常在节日以品牌的口吻为广大好友、客户发去节日祝福，在向好友和客户表达祝福和问候的同时也借助服务营销宣传了自己的品牌。

当客户需要帮助时，如果能伸出援手，尽自己的一份绵薄之力，客户会感恩不尽。我们通过极致服务为客户提供超出他预期的服务时，他自然会获得极致的体验，进而通过口碑相传，将产品和服务传递给更多朋友。

无处不服务，需要我们心中装着客户，心中时时想着客户，急客户之所急，想客户之所想。

无处不服务的根本是：没有套路，只有真诚，心中装着粉丝、客户。

3.2 客户服务中，导致客户不满意的六大因素

要赢得客户服务这场战争，首先要知道哪些因素导致了客户的不满。客户不满意就会离开，企业的生意就会受损，严重者企业会面临倒闭风险。

很多社交新零售企业和从业者已经意识到服务的重要性，他们也知道要努力提升服务质量，或者找到客户不满的原因，好对症下药。但他们苦于不懂客户的心理，或者是不了解哪些因素是导致客户不满的罪魁祸首。

客户不满的原因看似有千万种，但概括起来其实核心因素也就那么几条。美国市场营销学会做的一个客户调查显示，服务行业客户不满的主要原因如图3-1所示。

图3-1　客户不满意的六大因素

3.2.1 客户不满意的因素一：态度太冷漠

社交新零售从业者是个有温度的群体，对客户犹如对自己的恋人，热情有爱，按理说，不存在态度冷漠这个问题。然而事实并非如此。

社交新零售行业，下述场景中经常会出现态度冷漠的情形：

其一，体验店中。

现在很多社交新零售品牌开始布局线下，品牌方或有实力的从业者开了体验店，增强客户的体验质量。这自然是好事。但店主不可能一直在店中，大部分时间都是雇的员工守店，有时候店员难免会对客户态度冷漠或爱理不理。这可能和激励机制有关。如果店主想调动店员积极性，除了教育，就是要完善激励机制。

其二，售后服务。

很多社交新零售从业者忙着销售，一旦出单，对客户便爱理不理，不再关注售后服务。然而，对创业者而言，商品卖出，其实才意味着创业的开始。你需要提供完善的售后服务：物流信息，告知客户产品的使用方法、注意事项，跟进客户使用产品的效果，诸此种种。

为什么要保障售后服务质量？因为你要想让客户成为回头客，产生复购，除了让客户对产品满意，还要让其对服务满意。这样客户才会复购，甚至转介绍。

其三，运营中心。

品牌社交新零售项目的全国运营中心和地方运营中心，他们在服务客户、经销商方面起着至关重要的作用。但很多运营中心的服务并不到位。

我曾经去某知名品牌的全国运营中心参观，首次去时，前台的女工作人员拦住我，说需要预约或者由其他经销商带着参观。这个我能理解。随后我便问她，如果我朋友想成为该品牌的经销商，该如何加入，有没有相关宣传资料。她说没有。我就问她能否跟我简单介绍下招商政策。结果女孩态度有点冷淡，她说她没有接受过这方面的培训，因此无法讲解相关政策。我最后悻悻而去。

无论是传统品牌，还是社交新零售品牌，其客服、前台人员都需要详细了解品牌的招商政策。即使不了解，也要知道关键时候找谁能解答疑问。而不是以没有接受培训为借口。当然，这归根结底，还是运营团队、品牌方对服务重视程度的问题。

3.2.2 客户不满意的因素二：反应太迟钝

随着生活节奏的加快，现代人普遍越来越缺乏耐心。那么，作为意向客户，他们的耐心也是有限的。如果他们咨询你一个问题，你反应迟钝，他们会觉得你在怠慢他们，很可能便转向其他品牌了，成了他们的客户。

在我的社群、读者群中，有群友提问，我看到有问必答。因为我知道我要用心服务好我的社群成员、读者朋友，他们才能认可你，一直追随你。此外，移动互联网创业的基础就是耐心、及时地服务，有了这个坚实的基础，才能顺利转化客户。

虽然很多品牌也意识到服务的重要性，然而在我身边，我依然发现很多品牌服务并不到位，甚至是缺失的。有些大品牌招商时很热情，但一旦你成为他们的合作伙伴后，工作人员对你的服务经常不及时，有疑问他们不能及时解答，有难处他们会找各种借口推脱。当你发现该品牌项目不合适，想和它们"离婚"时，他们更是各种推责、拖延。

但问题是，你没有将问题及时解决，问题还在，早晚要处理。既然迟早要解决，如果你尽早帮客户解决难题，他们的抱怨会减少，对品牌产生好感。而处理延后，只会让客户对品牌心生坏印象，后期再合作的可能性很

第3章 社交新零售的取胜法宝：让服务插上效率和社交的翅膀

小，甚至会在社交圈中传播你的坏口碑。品牌将"折了夫人又折兵"。

因此，建议社交新零售品牌要及时服务好有怨言的客户，尽早解决他们的问题，即使因为各种原因解决迟滞，也要与对方及时沟通、妥善安抚他，这样你至少还能在客户心中挽回一些口碑。

3.2.3 客户不满意的因素三：承诺太多了

这一点经常出现在品牌方方面。很多品牌方或运营团队刚起盘时为了快速招商，给经销商承诺了很多权益，甚至包括无忧承诺，即如果经销商打算退出，货款和保证金可以全退。

加盟一个项目就像两人谈恋爱结婚，结婚久了如果不合适还能离婚，代理某品牌后也可能会退出。但现实真的有这么美好吗？很多经销商发现一旦他们要退出时，非常麻烦。品牌方或操盘手要么扯皮，要么拖延退款。

我有个朋友于2018年上半年成为某互联网音频巨头南京代理商，招商时品牌方运营团队举例说安徽合肥某宝妈成为代理商，用了一年时间发展了1万名宝妈。而且还承诺会给予众多支持，如果觉得不合适，后期可以退出。我的朋友Z（为了保护当事人隐私，故隐去真名）因为看身边有人代理了类似项目，加上该音频巨头列举了部分普通经销商合作后做得风生水起的案例，因此便拿下了该品牌南京的代理权。Z信心满满，准备大干一场。

然而事与愿违。他代理该品牌后，发现其会员卡市场接受度远不如类似项目其他品牌的会员卡。此外，该品牌的电商事业部和社交新零售事业部各自独立，电商事业部经常搞会员卡促销，严重损害了社交新零售从业者的利益。更严重的是，社交新零售项目的代理模式和政策朝令夕改，经销商不仅赚不到什么钱，也找不到执行的方向。于是十几名城市经销商准备退出，其中包括Z。

社交新零售事业部运营团队也有苦难言,但只得面对现实,因为理亏,他们和各经销商沟通后,说退出可以,保证金全退,但加盟费得扣除5%,一个月内退款。经销商因为想早点退出,也就同意了退出机制。本来双方都能接受,皆大欢喜。但退款却迟迟不到账。社交新零售事业部以各种理由拖延退款。Z和其他城市经销商是满腹怨言,建群商讨对策,有很多伙伴发誓以后再也不和该品牌合作了。

再举另外一个发生在身边的案例。某传统饮料巨头和乳业巨头看好社交新零售的发展前景,均于2018年上半年进军社交新零售行业。起盘后,因为模式的差异,发展结果迥异。但两者共同点是,进军社交新零售过程中均遭遇了各种波折:缺货、乱价、系统不完善……

这些传统大品牌借助自身影响力,起盘后招商势头很猛,迅速回款数亿元,形势喜人。很多传统企业主、公务员、金融从业者、白领、老师因为相信大品牌、看好大品牌,也纷纷加盟了该社交新零售项目。对品牌来说,形势一片大好。

但诡异的是,草根社交新零售品牌遇到的问题,这些品牌也遭遇到了。有些经销商做了段时间社交新零售,发现跟着大品牌没赚到什么钱,还伤了人脉,痛心之余萌生退意。

经销商心想我认栽,减少沉没成本总可以吧。但想的美好,现实却扇了他们的耳光。这些品牌之前承诺"如果退出,保证金全款退,加盟费按比例扣除,费用一个月内退回",甚至有品牌承诺"秒退"。然而真到退款时却是一拖再拖,无法兑现之前的承诺,伤透了经销商的心。

据我了解到的内情,其实并非品牌方故意耍赖,它们也有苦衷。按照游戏规则,招商的回款大部分作为团队的奖励已经分掉,部分用于广告费等支出。也就是说运营团队刚开始起盘时并未预料到会有很多经销商退出,退出机制设定不合理。

因此，建议大品牌进军社交新零售领域时运营团队要谨慎承诺。能少承诺就少承诺，而非为了吸引经销商加盟承诺太多。因为一旦无法兑现承诺，影响太恶劣，会严重损害大品牌自身的信誉。经销商是信任品牌才加盟的。同理，他们退出，恨的也是大品牌，而不是项目运营团队。

同样，大品牌社交新零售项目的产品质量和服务质量要有保障，否则因为无法兑现承诺，客户对产品和服务不满后，他会恨屋及乌，迁怒于该品牌的其他传统产品。品牌将得不偿失。

切记，承诺要比你能做到的稍微少一点，这样你兑现承诺时总会超越客户期望，让客户产生超值感，他会更喜欢你。

3.2.4 客户不满意的因素四：太急于销售

这一条是很多行业业务员存在的通病，社交新零售从业者也不例外。

我有个社交新零售品牌方朋友，向来以善于销售为荣。而我确实也见识了她的"善于销售"。在一次培训会上，她无论是在台上，还是台下，见到人就销售她的产品。很多人因为想和她建立关系，就买了她的产品。我发现她最大的优势就是"脸皮厚"，这其实没什么，我甚至还挺欣赏她这一点。但让我较为反感的一点是，她好像只会"脸皮厚"这一招，而且使用过程中并没有什么技巧可言。她向他人销售她公司的产品时，事先压根不先了解对方情况，不询问对方有没有这方面的需求，而是直接介绍产品，让对方买东西。问题是，她的产品是孩子用的智能机器人，价格700元左右，她推销的对象有些人未婚或未生育，买了她的产品短时间压根用不上，只能搁置在家里或送人。这些客户每次看到这些产品估计心里都会不舒服，因此成为忠诚客户的可能性极小。

急着见业绩，其背后是利益的驱动，本是人性使然，无可厚非。但是，本性这样,并非意味着你就由着本性驱使,而不遵守市场规律,不懂客户心理。

俗话说,"心急吃不了热豆腐"。你都还没和客户建立信任,也没有了解对方的需求,及你的产品能否解决其痛点,就想一步到位成交对方,不仅转化难度增加,最终你也很难让他成为忠诚的客户,更说不上让他复购和转介绍了。

社交新零售企业要想生意做得长久,要重视复购率和转介绍率,而这些需要你花80%的时间耐心建立客户的信赖感,花20%的时间服务好客户。

3.2.5 客户不满意的因素五:形象不专业

一个人穿着邋遢,另一个人穿着像成功人士,你会选择成为谁的客户或合作伙伴?

我身边有个朋友,能力不错,有亲和力,服务好,按理说业绩肯定不差,团队规模也不会小。然而事实并非如此。

分析之后我发现,问题出在形象上。她线下约见潜在客户时,形象很朴素,直接素颜,衣着看着不像个成功者。这还不算,她的微信头像刚开始用的是她宠物狗的照片,后来改成了她宝宝的照片。她在朋友圈中也懂得晒些生活化的照片,但照片也是素颜,衣着很普通,而且照片不经美化就直接发布了。总之,她看上去压根不像一个成功者,而只是个很普通的宝妈。

要想做好社交新零售事业,你首先得让你的形象变得专业。

形象专业又分为两方面:现实世界和虚拟世界。

现实世界中,无论上班,还是见朋友、客户,你都得注意自己的形象,适当化化妆,穿着像个成功者。

虚拟世界中,你要注意微信、微博等网络平台上你的头像,它代表着你的形象,代表着网友对你的第一印象。朋友圈中发布的个人照也要精心打磨下，否则还不如不发布。建议打算从事社交新零售行业的小伙伴，先去拍套个人形象照。让网络世界中的你看上去像个成功者。

3.2.6 客户不满意的因素六：售后服务差

你通过耐心服务，细心解答他的各种疑问，对他各种寒暄温暖，客户终于开始信任你，被你的服务融化了，决定下单。你觉得这是最完美的一刻，心情和当初追上心仪的异性一样，开心、愉悦。

等发完货，你觉得终于可以松懈一下了。于是你不再关注物流、客户是否收到了产品，也不再上心客户是否会使用产品、使用过程中是否遇到了问题、使用效果如何。

当你下次再准备向客户推荐产品时，你发现他已经成了其他品牌或经销商的客户，还帮对方介绍了新客户。你异常苦闷，然后就是各种困惑。

谈恋爱时将对方追到手了才是恋爱的开始。销售就像谈恋爱，成交完客户后，一切才刚刚开始，你仍然需要做好售后服务，用心服务对方，提升服务质量。因为只有客户对产品和服务都满意了，他才会继续复购，甚至转介绍。

如果你只是在客户购买产品时才服务备至，客户下单后服务懈怠，前后反差很大，会让客户产生心理落差，他对你就会心生反感，转而投入其他经销商或品牌的怀抱。如果你没有足够的影响力让客户对你死心塌地，那就用服务来留住客户的心。该原则对个人、企业都适用。

3.3 社交新零售服务：社交化、无缝衔接、随时待命

无论是新零售，还是社交新零售，消费者对服务的要求必然会越来越

高。在关注社交新零售服务时,需要重视三个关键问题:

社交新零售时代的服务,会出现哪些变化和趋势?

社交新零售时代的服务,最大的特质是什么?

作为行业从业者,需要做好哪些准备?

3.3.1 社交化服务:建立有温度的情感联结

当下,社交新零售行业的服务已从单纯服务转向社交化服务,即服务过程中融入了更多社交互动的元素,这是该行业服务的一大特质。

美国有营销专家提出,现在营销的最主要趋势是消费者主权营销,即消费者要参与,有一定的权利,企业必须让消费者在参与的过程中解决服务需求,通过和客户的社交互动提升服务质量和客户满意度。

对社交新零售企业来说,通过满意度调查表、向客户了解其抱怨的原因、开通投诉渠道等行为都属于社交服务。企业要想做好服务、提升业绩,如果只靠为客户提供单向服务,不与客户社交互动,不聆听他们的心声,不了解他们内心的想法,很难提供让客户满意的服务,也很难建立好自己的社交网络。

提升优质服务的捷径之一,就是让客户参与到服务中,通过社交、互动、沟通,增强他们的参与感,让他们觉得企业和商家将他们当作了自己的家人、朋友,他们也会提供更详尽的反馈,让你的服务变得有的放矢,让服务营销的价值真正凸显出来。如客户在微信公众号中留言也是一种社交互动,你要重视他们的留言。如果留言是正面的,要感谢他们;如果留言是抱怨、投诉,要第一时间回复他们,向他们了解抱怨、投诉的原因:是微信公众号发的广告太多、朋友圈刷屏太厉害了?还是产品让他们不满意,服务他们的伙伴又没能及时消除他们的抱怨?或许是服务者没有提供周到的售前、售中、售后服务，让他们不满了？针对具体问题，要及时做出相应的处理。

3.3.2 无缝衔接：PC端+移动端+线下+智能

你在母婴店的小程序上购买了两袋尿不湿，但拿到产品后你发现尿不湿的尺码有点小，于是你打算调换。你可以在小程序上联系客服，咨询调换事宜。也可以咨询品牌的微信素材号、天猫客服、QQ客服、App上的客服，你获得的反馈都是一致的。而且，你的基本资料、与客服的聊天记录等信息可以同时被不同媒介的客服获得。这就达到了服务媒介的无缝衔接，实现了无界服务。而随着VR、人工智能的发展，在不久的将来，你也许在家一边吃饭，一边跟企业的客服反馈售后问题。客服可能是一个真人，更可能是一个机器人，他与你之间可以实现无障碍交流。他获得你的反馈之后，将你的信息储存起来，如果有合适的产品，他可以直接向你推荐。你如果觉得商品符合需求，可以边吃饭边在线下单。

无缝衔接的服务，打破了服务的空间限制，其本质是借助移动互联网、人工智能等新科技，实现更高效率的服务、更好的场景式体验。

3.3.3 随时待命：24小时随心随意享受服务

据淘宝的后台数据统计，服务的响应时间可以影响成交转化率。淘宝的后台数据显示，服务的响应时间超过86秒，商品成交转化率在16%左右，而响应时间在20秒内，转化率则可以提升至30%以上。

为什么服务的响应时间对转化率会产生较大影响？主要和以下因素有关：

其一，消费者普遍缺乏耐心。如果他不能获得及时的回应和服务，他的体验会受影响，消费意愿会下降。

其二，消费者的购物需求可能会随时随地产生。你和姐妹在聊天，突然很想喝星巴克的咖啡，这时候你随手打开星巴克的App，准备下单时，你想确认一下两杯咖啡多久能送达，于是咨询客服。客服在20秒内回复了你："10分钟内能送到。"你觉得等待时间在你接受的范围内，于是下单了。回到家，你半夜起来感觉有点感冒了，想购买一盒白加黑。于是你打开手机在某电商平台上购买了感冒药。25分钟后你就收到了药。

正是因为消费者的购物需求随时随地会产生，存在不确定性，因此为了实现更高效率的服务、更好的体验感，留住客户，提升其购买率，随时待命的服务将是未来商家的核心竞争力之一。

但旧有的服务模式很难实现随时待命的服务。为什么？因为固有的服务模式很大程度上要依靠人工，而人工一是成本较高，二是很难24小时在线。因此，要想全面实现这种随时待命的服务，需要等到人工智能等新科技足够发达、成熟之后。但在此过程中，企业和商家必然会不断结合最新的科技，配合人工客服做好服务，不断逼近这种随时待命的服务。

3.4　索尼的社交化：如何利用社交网络做好客户服务

索尼是数码电子产品巨头，但近年来它面临着三星、夏普、LG等同类巨头企业的激烈竞争，业绩增长放缓，索尼公司的股价由2010年和2011年的每股35美元降到2012年的每股9.57美元。电子产品方面的市场已经很成熟，因此行业内不同品牌之间的产品质量和价格之间差异性不大，竞争力主要来自客户服务方面的差异。索尼为了提升品牌竞争力，开始实施社交化战略，想借助社交媒体增强客户服务质量和改进客户关系管理。

而索尼的社交化战略确实取得了不错的成绩。据Jack（2013）等的数据统计,实施社交战略之后,索尼网站的点击率提升了22%,索尼网页的浏览量、转化率、客户参与度均提高了一倍,2014年3月,索尼在脸谱上的粉丝量达到3500万。最关键的是,索尼的客户信任度大大增强,社交化客户服务结合社交营销推广为索尼大大提升了社交渠道的收入。

那么,索尼到底是如何利用社交网络改进客户关系管理的?

3.4.1 联合社交渠道,开展客户支持服务

为了进一步提升客户关系管理,索尼公司专门成立了客户体验管理团队,并开拓社交渠道,联合实施了客户支持服务和直复营销计划。为了让上述计划顺利开展,客户体验管理团队建立索尼的社区网站。索尼的社区主要包括思想交流区、讨论区、博客区、推特交流区以及其他内容交流区等几大社交板块,索尼的这些社交板块能为索尼客户提供有用的信息和及时的服务支持,在此基础上索尼公司可以在社区网站上做活动推广。

与星巴克、小米社区论坛类似,索尼社区网站的主要特色是让索尼客户与员工都能借助社交网络参与到索尼企业的发展和活动中,并发挥众人的智慧,通过社交互动,及时为索尼的产品、服务提供反馈和建议。而索尼的网络服务者则需要耐心听取索尼客户的心声,及时处理客户的反馈,并改进索尼的服务质量。

此外,索尼社区的客户关系板块方便索尼客户进行思想交流、碰撞,增强企业的社交活力。

3.4.2 利用社交网络高效解决客户的问题

为了充分借助社交网络来主动吸引更多用户、广泛触达网络用户,索尼

在脸谱、推特、领英、YouTube等社交网站都建立了"索尼频道"。这样做，一是可以打造索尼在社交网络上的影响力；二是可以向这些用户发送索尼的产品信息（如利用图片社交平台Pinterest给网友发送产品信息）；三是可以为这些用户提供更多优质的服务。

为了服务好客户，索尼公司在YouTube平台上传了一些视频，这些视频能教用户更好地使用索尼产品。

此外，索尼公司的社区论坛上专门设有"专家"板块，能帮助用户处理"How To"视频上出现的问题，并提供有力的技术支持。

索尼发挥了社交网络的便捷性这一优势，让它能更好地帮助用户解决可能遇到的问题，提升用户使用产品的体验感，并优化客户服务质量。

3.4.3 及时关注，解决问题，捕捉新商机

索尼安排相关工作人员专门关注和搜集社交网络上客户的留言、评论，并对此进行整理和敏感度分析。

索尼会根据客户的反馈来改进产品的外观设计和质量，优化服务质量。此外，根据客户的这些社交互动信息，索尼会相应做出政策调整，完善索尼的经营，高效处理问题，同时还能捕捉难得的商机。因为有抱怨、有碰撞的地方，必然隐藏着机会，而如何挖掘这些机会，就需要企业和商家发挥自身的积极能动性了。

3.4.4 社交互动是社交化客户服务的核心

索尼利用社区网站、博客、脸谱、推特等社交网络提供的客户服务，是索尼传统客户服务的有力补充。而索尼提供的这些社交网络服务，其核心基

础是社交互动。

索尼使用的这些社交媒体工具和社交平台，是以会话为基础，社交账号主体与网友之间可以进行及时直接的沟通，增强了客户服务的社交互动性，这就为客户服务插上了高效、人性化、情感化的翅膀，更能提升客户对索尼的黏性和感情。

3.5 蒙牛社交新零售的全渠道服务：抓牢合作伙伴的心

夏天将至，小白领韩梅梅发现自己在冬天积累的脂肪已经转化为了腰部的一圈圈肥肉，她看着自己衣柜中漂亮的露脐装不断叹气。

正发愁的韩梅梅突然想到朋友小美购买某减肥产品成功瘦身，现在经常穿着修身牛仔裤、露脐装秀身材。韩梅梅向小美求推荐。小美说她开始减肥时尝试过市面上很多减肥产品，但效果都不怎么样。后来有朋友向她推荐了某国内传统大品牌进军社交新零售领域后推出的代餐纤维奶昔，她体验了几个疗程后，发现减肥效果确实不错。随后小美将她认识的一位代理该品牌的伙伴小丽的微信号推送给了韩梅梅。

韩梅梅加了小丽为好友后，翻看了她的朋友圈，发现她的朋友圈除了晒她代理的品牌产品，还经常晒客户使用产品后的效果评价。她确定小丽代理的产品对她有用后，联系小丽购买产品。没想到小丽却并未急着让她付款，而是说，她和韩梅梅在同城，因此建议她抽个时间先到该品牌在当地的全国运营中心，她帮她做个体脂检测，检测完后根据她的身体情况再确定产品的使用疗程。

韩梅梅觉得小丽服务很贴心，于是和小丽约了周六在运营中心见面。见面简单寒暄后，小丽让韩梅梅脱了鞋袜站在小丽随身带的测脂仪上，帮她检测了体脂。检测结果显示,她的基础代谢率、水分、蛋白质、肌肉率都达标,但脂肪率和体重偏高。看到检测结果,韩梅梅意识到自己其实早该减肥了。

小丽建议韩梅梅先试用一个月的疗程后再重新做个体脂检测,然后让她先体验了一瓶代餐奶昔。韩梅梅品尝后,觉得口感细腻,饱腹感比较强。于是韩梅梅转款给小丽,购买了一个月疗程的代餐奶昔,并按照小丽叮嘱的服用方法食用。一个月后,韩梅梅再次做检测,发现脂肪率和体重都已较月前降低不少。韩梅梅很惊喜,再次购买了一个疗程的产品,回去后还向身边正为减肥苦恼的小伙伴推荐了小丽。

工作之余,韩梅梅除了和小姐妹逛街,就是刷抖音、朋友圈,一晃就到了睡觉时间,结果发现几乎没做啥事。自从接触了小丽后,她经常会关注她的朋友圈。她发现小丽的朋友圈不仅仅晒产品晒品牌,还经常发布些和家人一起生活、游玩的内容,还有就是和团队伙伴参加线上线下培训、一起合影的图片,甚至还在朋友圈晒她自己做的一期抖音节目,虽然不是多酷炫,但竟然有点打动韩梅梅了。再看看自己的朋友圈,已经设置成了"朋友仅展示最近三天的朋友圈"。韩梅梅突然发现,社交化轻创业竟然有了种莫名的吸引力,让她的心不再平静。

以前也有小姐妹邀请韩梅梅加入她的团队。但韩梅梅看到小姐妹的朋友圈几乎都是晒产品,最关键的是她代理的品牌没有任何知名度,因此彼时她对社交化轻创业有点不屑。但通过和小丽接触后,除了她代理的品牌的影响力,最重要的是小丽这个人吸引了她。于是她主动询问小丽如何代理该品牌。

小丽说周六下午她的团队有个线下沙龙,会详细讲解该项目,她可以来参加。周六韩梅梅在约定的时间和地点参加了沙龙。会上,小丽的团队伙伴重点从行业、品牌、产品、政策四个方面详细讲解了该创业项目,并在快结束时说今天下午加入她们团队,有福利赠送。韩梅梅心动了,于是现场先将保证金转给了小丽,并在3天内将余款补给了小丽。

第3章 社交新零售的取胜法宝：让服务插上效率和社交的翅膀

加入小丽的团队后，小丽邀请韩梅梅入了经销商群，在群里有新人培训。定期小丽还会和韩梅梅沟通，问她起步阶段遇到了哪些问题。自从开始轻创业后，韩梅梅发现每天都很忙碌，忙着学习、发圈、引流、转化、维护客户等。她现在已经很少刷朋友圈和抖音了。一个月后，她的小姐妹小美惊讶于韩梅梅的变化，在跟着她参加完团队沙龙后，成了她的第一个经销商。

上述案例是蒙牛社交新零售项目的经销商（消费商）服务客户及团队伙伴的一个缩影。

作为社交电商和新零售融合的演化产物，社交新零售的发展和优势吸引了包括蒙牛、格力、广药、云南白药等众多传统知名品牌涉足。

作为一名社交新零售的研究者和实践者，我一直在跟进和研究蒙牛社交新零售项目，见证了项目的发展历程。下面我将介绍一下，蒙牛社交新零售团队为其经销商提供的多种服务，旨在为其他品牌做好经销商服务提供借鉴和参考。

3.5.1 共享品牌资源，助力经销商发展

蒙牛社交新零售平台，除销售蒙牛产品外，也吸引了众多其他品牌及产品入驻。未来，蒙牛社交新零售平台的商品除了体重管理、美丽事业、肠道管理、儿童营养、特殊营养等品类外，还将涵盖生活日用品。

蒙牛社交新零售平台让经销商拥有更多产品的经销权，加上平台的云仓储、一件代发优势，平台将吸引更多想在社交新零售领域掘金的创业者。

而蒙牛具有的社交网络优势，让平台在减少广告投入的情况下低价获得流量、裂变渠道。平台将节省下来的广告等宣传费用让利给经销商和客户。经销商借助平台获得低门槛、低风险的轻创业机会，创造财富。客户则获得价低物优的商品。平台、经销商、客户之间是多赢。

2018年6月，经过近半年的发展，蒙牛慢燃项目市场交易额接近10亿元。同年夏天，蒙牛慢燃赞助2018年俄罗斯世界杯，与全世界球迷沸腾一夏，以此让慢燃走进公众视野。

2018年7月，蒙牛社交新零售运营中心发展的经销商人数达10万人，并先后在南京、成都、武汉等中国9大物流集散城市建仓，以服务整个中国蒙牛社交新零售项目。这是蒙牛社交新零售运营中心在用自己的强大实力，为经销商的仓储和运输问题提供解决方案，这是大品牌大企业的优势所在。

2018年9月，慢燃取得的成绩让蒙牛高层对其即将成立的社交新零售平台信心大增，在此背景下，继慢燃之后，蒙牛推出其第二款社交新零售产品——蒙牛凝纯水解胶原蛋白，该款产品也是蒙牛社交新零售美丽事业板块的第一款产品。适度增加新品能增加经销商的选择范围。

2018年10月31日，金马影后马思纯以蒙牛明星合伙人的身份参加了于北京举办的蒙牛凝纯启动仪式。蒙牛社交新零售项目开始正式联手明星。通过明星的影响力，加上蒙牛的背书，经销商在推广过程中会事半功倍。对于大企业来说，提供这种中小企业无法提供的服务，不仅能最大化帮助经销商，还能构建竞争壁垒。

3.5.2 分群分层服务，实现服务精准化

在经销商加入蒙牛社交新零售团队后，运营团队为了提升信息上传下达的质量和效率，会采用分群服务，将信息传达群分为A群、B群两类。

A群是禁言群，不允许经销商发言，只允许群负责人发布重要的信息、通知等。这就减少了因为群内刷屏类信息对经销商的打扰，保证重要信息能有效传达给经销商。

B群不禁言，平时除了发布重要信息、通知，还作为课程群使用，群里

定期会有公开课和培训课程。

很多有实力、有创富渴望的中小创业者（包括一些事业比较成功的传统企业家、各行业精英）正是看中了蒙牛的实力和服务而加入了蒙牛社交新零售项目。

蒙牛社交新零售项目的运营团队为了方便管理经销商，将经销商群按照级别分为普通经销商群、核心经销商群。核心经销商群主要由城市合伙人以上级别的经销商组成，由蒙牛运营团队组建，各种事宜会先公布在此群中，然后再由团队领袖分别在自己的经销商群中将活动等事宜上传下达。

为了宣传蒙牛社交新零售项目，同时也为经销商提供发圈、招商、见证等方面的素材，蒙牛社交新零售平台旗下的南客觅品App设有素材一键转发功能，所有素材都经过法务严格审核，坚守合法合规性。

3.5.3 线上线下联合培训，帮助经销商迅速成长

无论是社交电商，还是社交新零售，要想实现用户增长和裂变私域流量，经销商的培训都是其重中之重。蒙牛社交新零售平台紧抓经销商的线上线下培训。

1. 线上培训

很多经销商加入蒙牛社交新零售团队之前，往往是被身边的好友邀请入群听蒙牛社交新零售项目的公开课，部分人会选择先成为客户，体验一下产品，还有部分人因为看好蒙牛社交新零售项目，会选择直接成为经销商。

加入蒙牛团队后，刚开始除了微信群内定期会对经销商进行蒙牛社交新零售项目规划、产品知识、心态管理、销售技能、创业技能等方面的培训，其已上线的南客觅品App内设有商学院板块，针对初级、中级、高级经销商分别设有不同课程。级别越高，学习权限越多（图3-2）。这一定程度上可以促进低级别经销商升级。

图3-2 南客觅品App内设有商学院板块
（图片来源：蒙牛社交新零售团队运营的南客觅品App）

2. 线下培训

考虑到线下培训能提升经销商的黏性、学习效果以及招商效果，蒙牛社交新零售团队定期会举办内训、健康管理培训等线下活动，提升经销商技能，激发其积极性。此外，蒙牛社交新零售经销商会定期自发开展线下沙龙，服务自己的客户和团队伙伴。

3.5.4 虚实结合，用7种方式让服务效果最大化

除了上述服务，蒙牛社交新零售团队为了给经销商更多信心，吸引更多

人加盟，同时也方便经销商招商，还会为合作伙伴们提供精神服务和信息服务。精神服务和信息服务往往存在重叠和融合，因此集中介绍。

蒙牛社交新零售平台主要从以下几方面为广大合作伙伴提供精神服务和信息服务。

1. 蒙牛站台

诸多传统大品牌进军社交新零售领域，仅为试水，其官网上很少能看到与社交新零售项目相关的报道，更不用提展示社交新零售产品了。

然而，蒙牛社交新零售产品上市后，你在蒙牛官网能看到它们已与蒙牛的其他知名产品并列。一是说明蒙牛对社交新零售项目的重视，对其社交新零售产品一视同仁；二是蒙牛官方的这一举动将给予蒙牛社交新零售项目的经销商以极大的信心。

2. 品牌背书

与草根社交新零售平台不同，蒙牛社交新零售项目拥有全球乳业前10强蒙牛作为品牌背书，这也让其项目具有先天的吸睛优势。

大品牌背书的一个好处是，教育成本明显降低，经销商发展客户和经销商时不需要苦口婆心再三介绍。客户对其产品的接受度和信任度也明显高于其他草根品牌。而经销商招商时可以线上线下极其自然地介绍蒙牛社交新零售项目，自豪感油然而生。这是品牌实力为经销商提供的增值服务。

3. 加入行业协会

为了融入行业，蒙牛社交新零售项目的全国运营中心加入了中国电子商会社交新零售专业委员会，成了副会长单位。协会的专业度、高度为蒙牛社交新零售项目提供了权威背书。

而这些又给了经销商以极强的信心和自豪感。经销商可以用其作为权威背书和见证，用于发圈造势，借此吸引经销商的加盟。

4. 体验装

蒙牛不仅务虚，还务实。为了让经销商获得切实的好处，蒙牛社交新零售平台还会为广大合作伙伴提供一定的物质服务。

蒙牛社交新零售运营团队定期会为经销商准备一定量的体验装，让他们地推或参加大型展会时发放给潜在客户。一是可以让客户体验蒙牛的新品；二是可以给经销商提供引流客户的方法、工具和渠道；三是团队作战，可以提升经销商的战斗力和凝聚力。

此外，新品上市时，蒙牛会为经销商提供一些体验装，让他们事先"尝鲜"，体验和熟悉产品，以更好地服务客户。

5. 宣传造势

宣传造势是给经销商的物质支持，但对其精神层面会产生深远影响。

（1）广告造势。海、陆、空全媒体广告覆盖，让消费者及经销商在抖音、微博、微信、百度、今日头条、地铁、机场、央视等媒介都能看到蒙牛社交新零售的影子。

（2）明星造势。蒙牛邀请金马影后马思纯代言凝纯。此次马思纯不仅是蒙牛凝纯产品的代言人，还是其明星股东，可见其对蒙牛的认可，对项目的青睐程度。

明星造势的好处很明显，那就是前期可以很快吸引大量眼球，加大了蒙牛社交新零售项目的传播度，并方便经销商的宣传造势和招商裂变。

（3）参加行业大会。为了宣传品牌，提升品牌在社交新零售行业的影响力，蒙牛社交新零售团队积极参与和赞助全球创业者大会、社交电商新零售国际峰会等行业大会。

在行业大会上，经销商以大会为背书，拍照发圈造势。同时，大会期间，蒙牛还专门租有展位，用来宣传蒙牛社交新零售项目，并提供一定量的体验装帮助经销商引流（图3-3）。

图3-3 蒙牛社交新零售团队参加"2019社交电商新零售国际峰会"

6. 游学+旅游

针对中高级别经销商或业绩出色的经销商,蒙牛社交新零售项目组会定期组织他们参加海外游学、草原游学和其他旅游项目。

这种福利,一是可以给予经销商荣誉感;二是可以激励经销商为了获得福利而想方设法提升业绩或升级;三是通过团队活动,让经销商更好地融入蒙牛社交新零售项目大家庭中,并提升其凝聚力和归属感。

7. 优化供应链服务

传统零售业的供应链环节为人诟病,产品在到达消费者手中之前,需要经历层层环节,效率低下。蒙牛社交新零售平台融合了新零售模式,其供应链借助新科技,用数字化技术提升了物流、支付等环节的效率,让消费者获得更好的服务、更佳的体验。而升级后的供应链,让经销商无须囤货,不再为物流等售后服务操心,仅需做好客户服务,专注于与客户的社交、沟通、交流、互动。

随着蒙牛社交新零售项目及新科技的发展,蒙牛社交新零售的服务也会不断升级和多元化,蒙牛社交新零售团队还会陆续为客户及经销商提供更多优质、全渠道的服务,但服务的宗旨是一致的,那就是借助科技,融合线上、线下、社交化服务,提升服务的质量和效率,让客户和经销商获得更好的体验,提升其忠诚度,进而倍增业绩、裂变渠道。

第4章 社交新零售的核心：精准体验营销留住消费者的心

怎么样才能创造出超出消费者预期的社交新零售体验？如何布局，才能玩转社交化体验营销？迪士尼和小米是怎么做好顾客体验的？有哪些值得借鉴的玩法和经验？

4.1 如何创造超出消费者预期的社交新零售体验

按照马云的说法，新零售的核心是让消费者获得更好的体验性。无论是产品，还是服务，最终都要落脚于消费者的体验。体验感增强了，消费者自然也就满意了，其黏性也会增加。而社交新零售行业要想提升消费者的体验性，则需要创造出超出消费者预期的体验。

4.1.1 社交内容是社交新零售体验的核心

有研究者对欧美、澳大利亚等国家的零售行业做调研，研究结果发现，

第4章 社交新零售的核心：精准体验营销留住消费者的心

2014年，76%的消费者在某家企业遭遇过一次糟糕的购物体验后，后期购物时将排除该家公司。而到了2016年，这一比例上升到了82%[①]，由此可见，购物体验在消费者购物决策中的重要性在增强。

体验是新零售、社交新零售的核心和重要评价标准，围绕着消费者体验，一件商品可以分为三个部分：功能，即商品的使用价值；内容，商品承载的信息和价值；服务，客户与零售主体的互动。当然，这些只是针对商品。对于电商而言，内容也成为其留住精准客户愈发重要的部分，社交内容电商越来越火。而随着消费者精神层面和个性化需求的增加，商品和平台的内容化将增强。

1. 内容生产的主体

传统商业无论是商品的内容，还是网络平台的内容生产，其主体以企业为主。而社交新零售的内容化，则是企业和客户共同参与，通过留言、讨论、群策群力等社交互动及社会化协作的方式生产更富有社交属性、参与感、生命力的内容。这也是去中心化、社交网络日益发达大背景下的产物。

小米当初正是通过建立社区论坛，从客户中筛选出铁粉，让其参与到MIUI的设计、研发过程中，借助这群小米发烧友的社交能量，完成了小米原始粉丝及影响力的积累。

我有个朋友是某旗袍品牌创始人，他当初设计旗袍Logo时，是在网上发布旗袍Logo征集大赛。消息发布出去后，他陆续收到了全国几百名参赛者寄来的旗袍Logo，他从中选了20个，并在苏州古镇他的旗袍旗舰店开业当天邀请了一些专家到现场评选出最适合品牌定位和调性的旗袍Logo。我的朋友就是充分利用社交网络，发挥社交网络及社会化协作的力量，用低成本、高民意的方式完成了其商品内容部分的设计，而且设计出来的内容更符合消费者的口味。

---

① 资料来源：《2017互联网趋势》，kpcb.com/InternetTrends。

2. 社交内容提升客户黏性

社交内容电商小红书靠邀请大量明星、KOL入驻，持续输出内容，迅速吸引了大量客户围观和留言，完成了平台私域流量的原始积累。在此基础上，小红书通过上线商城，实现平台的变现，成了一个平台型社交电商。

罗振宇创办的得到知识付费平台，通过为那些渴望获得高质优选的内容的客户服务，加上罗辑思维的支持，积累了大量"精英"客户。此后，得到上线了商城，布局社交电商板块。商城除了为客户提供书、猫头鹰胸针等得到系的商品，还销售经过得到精心筛选的其他商家的产品（与小米有品类似）。严格意义上，小米属于社交零售电商，而得到、小红书则属于社交内容电商，靠内容积累大量客户，再通过商城实现变现或拓宽电商板块。

在商品极大丰富的当下，拥有魅力人格体的KOL、品牌通过持续为客户输出内容，满足客户精神层面的需求，在实现变现的同时，还能大大增强客户的黏性。同样的东西，或者功能类似的商品，我为什么买你的，而不买其他商家的？那是因为你这个人、这个品牌获得了我的认可，让我心甘情愿购买你推荐的东西。而你获得我的认可，是因为你的魅力和提供的内容服务。

如年轻人喜欢江小白白酒，那是因为江小白的青春定位和调性能让客户那颗"年轻的心"得到"安放"。矿泉水功能和服务方面几乎无差别，而它的定位和对外传播的内容则是它获得不同消费群体青睐的关键。所以你会选择"水中贵族"百岁山，而我则选择"大自然的搬运工"农夫山泉。

功能和服务越是同质化的商品，越需要差异化的内容来凸显它的"独特性"，吸引个性化的消费者。

3. 感性的内容更容易打动消费者

与理性的内容相比，融入情感、社交等元素的感性内容更容易打动消费者。一方面，在新零售环境下女性消费者的重要性和话语权不断增强，而女性消费者更偏向感性。另一方面，消费体验本身就是主观性很强的一种行为，和谈恋爱类似，消费者更看重自己的感觉。感觉对了，价格高点、服务少点没问题。感觉不对，价格再低、服务再好，照样让消费者和你说拜拜。

小米初期经常遇到很多服务问题，但在安排了很多会赋诗的妹子客服在线服务男性为主的客户后，小米的服务评价大大提升。难道真的是服务质量有了飞跃提升？未必，更大的可能是男性客户在与有才华的妹子客服社交互动的过程中获得了不一样的体验，满足了很多男性的感性需求，让他们获得了更好的体验。

企业和商家在提供内容服务时，可以融入更多的感性，让消费者的体验更走心。

4. 故事营销让内容更有传播力和感染力

相较于理念和道理，故事显然更具有传播力和感染力。乔布斯的人生经历让他成为一个很有故事性和独特个性的创业者，因此苹果在乔布斯的带领下可以让粉丝和客户对它产生狂热的情绪。而阿里巴巴创始人马云和十八罗汉的故事，新东方"中国合伙人"的故事，锤子手机创始人罗永浩的故事，格力掌门人董明珠的故事，让上述企业成为一个更富有人格化的企业，而非冷冰冰的商业体。社交化时代，这样的企业更易吸引消费者，也更容易吸引人才加盟。

因此，当企业转型社交新零售时，多讲一些故事，会让你的品牌IP化，更易于触达客户的内心，击打其灵魂。

而讲故事时，除了讲企业、产品的故事，还要学会多讲品牌创始人、团队、客户的故事。从多方位打造品牌的IP形象，让客户觉得品牌是一个立体的形象，而非单调的存在。当内容故事化后，客户的精神层面会获得更有温度、情感、人情味的体验，他对品牌的认知、认同及黏性显然要优于那些只是传递理念和产品的品牌。

迪士尼乐园在此方面具有很多值得中国企业学习的地方。游客在迪士尼乐园体验时，会发现其产品和服务充满了迪士尼和其卡通形象的故事，因此，游客对迪士尼乐园的服务和体验会更具象、印象更深刻，即使离开迪士尼乐园，本次体验也会让你记忆深刻，你会向你的朋友圈讲述迪士尼乐园和你在其中体验的故事，这就让迪士尼乐园借助社交网络更为快速地传播，进而实现游客的不断裂变。

借助故事，内容可以飞入客户的灵魂深处。

4.1.2　功能、内容、服务统一于场景体验

商品的内容、服务都得通过商品的功能来实现，两者肩负着让消费者获得优质体验的重任。然而，在社交新零售时代，商品的功能、内容、服务都得围绕着消费者体验展开。

很多年轻人喝完江小白白酒后，并不觉得它的口感和醇香度比其他同档次的白酒好。既然江小白在产品功能方面并不是特别出众，那是什么原因让年轻人特别青睐它？源于它的体验。

江小白通过帮助消费者释放青春情绪、打"温情主义情怀牌"，抓住了年轻人的心。同时，通过提倡年轻人减少"触碰"手机的时间，回归线下社交，让其新零售布局融入了社交元素，其营销策略引起了更多年轻人的共鸣。

此外，营销文案是江小白内容的一大特色。"青春不朽，喝杯小酒""你心里想念的人，坐在你的对面，你却在看你的手机"，这些富有温度、青春色彩的营销文案更能引起年轻人的共鸣，让内容真正发挥其服务和营销的作用。

察觉到企业团建的需求后，江小白专门设计并推出了2000毫升装的江小白拾人饮。江小白拾人饮属于清淡型白酒，既不上头，又能帮团建创造出微醺和打鸡血的氛围，再配上应景的文案，让功能、内容配合得很默契，获得了市场的热烈反应。三只松鼠正是看到了江小白拾人饮能提升消费者的场景

体验，因此在团队庆祝时喜欢"痛饮"该酒。

很会讲儿童故事的凯叔也要根据客户的体验场景来调整其产品的功能、内容、服务。2013年，央视前主持人凯叔开始运营"凯叔讲故事"这个自媒体，专门给儿童讲故事。在积累了大量儿童、年轻的父母客户后，凯叔获得了巨大成功。

但有一段时间，凯叔却经常接到投诉，且投诉的内容高度一致。凯叔刚开始有点纳闷，心想难道是自己故事讲得不好？然而事实是，宝妈宝爸之所以投诉凯叔，是因为他的故事讲得太好了，导致孩子们听故事上瘾了，晚上不愿意按时睡觉。凯叔这才发现，并非所有时间讲好故事都是优势，特殊场景下好听的故事反而会让客户不满。

于是凯叔根据孩子睡觉前这段场景对产品做了调整，在孩子睡前讲完故事，会为他们再讲一首"睡前诗"，凯叔将这首诗讲7~15遍，声音一遍比一遍小，到最后隐隐约约听不清时，孩子便睡着了。"睡前诗"不仅有营养，还起到了催眠的作用。这就是凯叔根据客户的消费场景做出的产品调整，让产品的功能、内容、服务更符合客户的消费场景，从而大大提升客户的体验感和满足感。

从江小白、凯叔的案例中，可以看到一个趋势，即商品的功能、内容、服务将统一于消费者的场景化体验，以帮助提升体验性。同时，企业、商品的功能、内容、服务将会融入更多的社交元素，让消费者的场景体验更富有温度、情感、情趣。

4.1.3 付费体验：付出成本的体验更值钱

我们在商场或超市，经常会遇到各种产品的免费体验。此时大部分顾客愿意停下脚步品尝一下该品牌的产品，如果觉得产品不错，加上自己也有购买的需求，很可能会付款购买。甚至很多顾客原本没有相关需求，觉得产品不错，也可能会被激发出购买的欲望，买些产品回去尝尝。你很可能就这样轻松获得了一批顾客。

这就是免费体验服务的威力。但这不代表免费体验服务就是最佳的体验营销策略。企业和商家还可以开展收费体验服务。

消费者对免费的东西往往不珍惜，根源在于没有付出沉没成本。企业和商家开展免费体验时也会遇到类似情况。很多客户其实是蹭客，喜欢尝试各种免费产品和服务，但购买率很低。这也让看似火爆的活动，效果却差强人意。社交新零售企业和从业者举办活动，不要只看活动火爆程度，而是要以结果为导向。

为了让免费体验活动的效果最大化，需要采取一些措施（图4-1）。

图4-1　如何做好付费体验

1. 设置一定的门槛

可以在客户免费体验前设置一些体验门槛。这个门槛可以是付费，也可以是需要客户付出一定的代价（如将商家活动转发到朋友圈）。体验门槛包括前置和后置两类。

（1）前置的门槛

免费门槛。可以要求对方添加微信号或公众号，转发某条消息到朋友圈，也可以让客户参加活动或游戏赢得免费体验的资格。

收费门槛。有时候让客户适当付出一些钱会取得更好的效果。比如，很多教育培训的线上课程要求学员入群前先支付少许费用，这样就可以通过小额的门槛费帮我们事先筛选一部分人群，这样的客户往往更精准。门槛费可以根据你课程的费用设定，9.9元、19.9元的门槛费比较常见。社交新零售品牌的体验活动，可以向商超、传统电商学习，让客户加1元获得价值多少元产品的免费体验机会。连1元钱都不愿意付的客户其后期购买的可能性极低，因此不用担心会因为1元的门槛而减少了非目标人群的体验人数。

（2）后置的门槛

可以让客户免费体验后写一个体验报告，拍一些买家秀，拍个视频见证，将参加活动的感言发布朋友圈集赞等。如我有一次参加一个小型沙龙招商会，会前举办方说会后有奖品赠送，奖品分一、二、三等奖各一名。但领取奖品是有条件的，需要参会者在活动结束后将听课感言发布朋友圈并集赞，集赞最多的前三名客户分别可以获得一、二、三等奖。举办方通过集赞活动既活跃了气氛，又提升了参会者的参与度，顺便还宣传了举办方，可谓一举多得。

但设置门槛有一个原则：门槛不能太高，也不能设置太多，否则客户会望而生畏，本次体验便很难达到预期效果。

总体来说，设置了门槛的收费体验活动效果要好于免费体验。

2. 让客户亲自参与

有些企业和商家会在地推处或体验店中设立客户DIY区，让客户自己动手制作产品。客户亲自参与，因为让客户付出了一定的沉没成本，客户对自己做出的产品会更有感情，进而对该品牌的其他产品也会产生类似的好感。

但客户亲自参与制作的产品要满足一定的条件：

（1）制作难度适中。难度太小，没有挑战性，客户很难获得成就感。难度太大，客户挫败感很重，很难获得好的体验。因此用于体验制作的产品其制作难度要适中。

（2）产品制作流程要标准化。提供产品制作的标准化流程，让客户按照流程就可以制作出成品，这样可以提升体验感。

（3）要有人在旁边指导。在客户制作产品的过程中，要在旁边进行指导。指导要掌握好度，过度指导会减少客户自己体验制作的程度和乐趣，效果将大打折扣。商家在一旁指导，一是可以掌控整个体验活动的过程；二是让客户感受到你的专业，把你当作老师，对你产生好感和崇拜心理；三是可以让客户感受到你的贴心服务。总之好处多多。

我有一个品牌方朋友正是在她的体验店中开展了客户亲自体验制作紫草膏的活动，活动异常火爆，客户在亲自制作紫草膏后对该品牌产生了很深的印象，好感度大增。有些客户甚至对代理紫草膏产生了浓厚的兴趣，开始打算做该品牌的经销商。

3. 塑造产品的价值

没有价值的东西免费赠送客户都未必接受，更何况收费体验。因此，在告知客户相关体验门槛之前，要先塑造产品或服务的价值。很多时候，客户并不在意产品的价格，而是会想产品值不值这个价。如果将产品的价值塑造出来，再贵的产品都可以卖掉。因此营销界流行一句行话：没有卖不掉的产品，只有不会卖的人。

塑造产品或服务价值时要注意一点：价值不到，价格不报。

4.2 全域体验：如何玩转社交化体验营销

在社会由以生产者为中心转型为以消费者为中心的大环境下，消费者的重要性不言而喻。当下的消费者更看重个性化、情感化、社交化的产品和服务，对精神层面、社交层面的需求越来越旺。此时消费者的体验便成了影响消费决策的重要因素。

体验营销是指通过看、听、用、参与等手段，充分刺激和调动消费者的感官（Sense）、情感（Feel）、思考（Think）、行动（Act）、关联（Relate）等

第4章 社交新零售的核心：精准体验营销留住消费者的心

感性和理性元素，来达到营销目的的一种营销方法。目前体验营销策略主要分为感官式营销策略、情感式营销策略、思考式营销策略、行动式营销策略、关联式营销策略五种。

体验营销突破了传统的"理性消费者"假设，认为客户消费时并非纯粹理性，而是理性与感性皆有。在此情况下，客户整个消费过程中的体验才是企业和商家需要用心经营的，因为消费体验决定了客户是否愿意多花钱、复购和帮忙转介绍。比如，当咖啡作为货物销售时，一磅卖300元；当咖啡被包装为商品时，一杯可以卖到25元；当融入了有温度的服务后，在咖啡店中一杯咖啡可以卖到35~60元；但如果你的咖啡品牌能在客户心中成为一种生活方式，一种独特身份的象征，让客户获得良好的情感体验，一杯咖啡就可以卖到100元甚至好几百元。

因此，社交新零售企业和从业者通过提供高质量的体验式服务和社交化服务，让客户在体验中对产品、服务、个人魅力有更直观的感受，进而促进客户的消费和复购。如平时可以提供一些试用装让客户免费体验，在上新品时第一时间让客户体验到新品的功效和优点。如果有线下体验店，可以直接在体验店中边服务边让客户体验产品和社交服务，这样体验感更佳，体验效果更好。

体验营销将成为社交新零售企业开拓增量市场、深挖存量市场的重要武器。要想做好体验式服务，企业重点要做好以下几个方面：

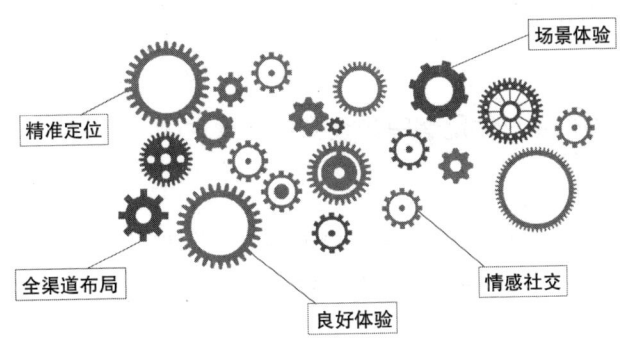

图4-2 玩转社交化体验营销的方案

4.2.1 精准定位，做好体验式营销的重要基础

做好体验式服务，需要定位好客户，做好客户画像，知道客户需要什么。

社交新零售企业要关注，目标客户是谁？怎么去获取？怎么产生链接？如何去影响他们？怎么才能让你的产品高效触达他们？

以小米为例。小米的目标客户是喜欢时尚、看重性价比、追求颜值和品质、重视科技感、看重体验的年轻人，基于这种客户定位，小米在设计、研发小米生态的产品时，从产品样式、包装到品牌形象，都体现出高颜值、强科技感、青春时尚的元素。同时，在选择入驻小米平台的第三方产品时，小米也遵循着上述原则。

为了低成本获取目标客户，并有效触达和影响他们，小米非常注重社交媒体的运用，因为上面活跃着众多年轻客户。通过社交媒体，小米团队与客户持续互动，了解客户的真实需求，并邀请客户参与到小米产品的设计、研发中，在产品1.0版本出来时，会让客户抢先体验，并根据他们的反馈和建议优化产品。产品正式发布时，小米会邀请这些客户参加发布会，体验最新的产品。这就让小米客户获得了良好的体验和情感满足。

在目前的消费环境下，不同场景下、不同消费能力的消费群体，其具体需求是存在差异的。这就要求企业在做好客户定位的基础上有针对性地开展有差异的体验营销活动。

4.2.2 全渠道布局，满足客户的社交体验需求

中国社会正在高度互联网化。目前微信客户已超过11亿，微友平均微信在线时间90分钟，重度客户在线时间达10个小时以上[①]。在高度移动互联

---

① 资料来源：微信团队的官方报告。

网化的社会环境下,移动互联网已经成为越来越多人日常生活的重要组成部分,更多的人,越来越习惯这种移动互联网化的生活,更多人的生活越来越移动互联网化。

社交新零售企业和从业者要想满足客户的体验需求,需要进行线上、线下的布局。客户线上要能及时联系到你,并能享受周到系统的服务;线下体验店既能满足客户的到店消费需求,又能满足客户良好的体验需求。

此外,社交板块的布局,也是社交新零售企业全渠道布局的重中之重。这就要求企业在满足客户体验需求的同时,能融入更多有温度、有情感的社交元素。

如星巴克之前一直以营造线下良好体验的"第三空间"引人注目,但随着互联网的发展,星巴克开始突破第三空间,打造突出线上体验的"第四空间"。同时,星巴克也加快了社交化,在第四空间中融入了很多富有星巴克特质的社交玩法。由此,星巴克成了一家标准的全渠道社交新零售企业。这让星巴克能与时俱进,满足社交时代年轻消费者的个性化需求,树立自己的良好口碑,赢得更多顾客。同时星巴克也能抵挡住近年来借助社交渠道异军突起的中国本土咖啡品牌瑞幸咖啡、连咖啡的强势进攻。

随着全渠道社交零售的发展,全渠道体验营销已经成为企业营销的重要方向,其中重点要突出客户的社交体验需求。

4.2.3 良好体验,满足消费升级后客户的需求

在商品极大丰富、消费升级的新消费环境下,客户的个人需求和消费理念已经发生了大的变化:

其一,对产品功能的单纯需求,变成了对产品品质的需求;

其二,对物质方面的需求,已逐步转向对生活方式的追求;

其三，对情感方面的需求日益增长，对物质方面的需求变淡。

在此大环境下，社交新零售企业对客户体验的认识要转变：由商品的提供者转向品质生活的创造者；由品类管理的经营模式，转向生活方式的提供模式；由提供单向的体验，转为提供社交互动式的情感体验；由"一站购物、一次购足"的传统零售理念，转变为社交新零售理念，即为客户提供产生高体验性的高品质、高性价比的产品和服务。

不久的将来，以商品为中心的零售业态划分方式将消失，零售行业将按照服务进行划分，对客户进行分层分级，并提供相应的差异化服务。

4.2.4　情感社交，精耕细作培养客户终身价值

移动互联网时代社群之所以能大放异彩，在于它的社交化运营。社交新零售创业其实是在搭建一个关系网络，构建一个以社交为纽带、信任为基础的社群。在这个社群中，可以通过社交，让客户获得更好的精神体验和情感体验，进而培养出具有终身价值的客户。

很多社交新零售企业和从业者只注重眼前利益，只想捞快钱，不考虑长远利益，其本质是他们没有意识到客户的长远价值和终身价值。社群时代，服务好1000个客户已经足够让我们在行业内立足。为这些客户提供良好的情感体验和社交体验，他们会成为铁粉，并贡献他们的长远价值。在为这1000个客户提供良好的体验式服务的基础上，他们裂变的速度和结果将非常惊人。这也是单客经济的魅力所在。

孩子王是单客经济的践行者和受益者。孩子王目前的重心放在深挖存量客户的终身价值，在增量客户的开发方面步伐放缓。通过社交服务的社交赋能，客户信息的数据赋能，孩子王提升了已有客户和会员的客单价和复购率，提高了销售额。

所以我一直认为，社交新零售企业和从业者要做好事业，不在于粗放式经营，而在于精耕细作，在于深挖客户的价值，培养出具有终身价值的客户。

4.2.5 社交化场景体验，激发客户的潜在需求

在商品极大丰富、客户的购买选择愈发困难的环境下，搭建精准的体验场景，是实现商品信息与目标客户消费需求精准匹配的基础，也是促进客户消费的重要手段。

比如，你本来并不想吃炸鸡、喝啤酒，但如果此时炸鸡门店中在播放《来自星星的你》，其中主角正在一边喝着啤酒，一边吃着炸鸡。你被场景刺激，很可能会产生吃炸鸡的欲望，顺便再来一罐啤酒。如果店员穿着打扮还很像电视剧的主角，你可能会忍不住与她搭讪几句，顺便再多喝几罐啤酒、吃几块炸鸡。

为什么会出现上述场景？这是因为客户的需求具有即时性、随机性，他的需求可能会因为场景的刺激而产生。这就需要企业洞察客户的消费心理，根据目标客户的画像，营造出适宜的体验场景，激发出客户的潜在需求。如果你让客户获得良好的体验，即使为此多花了钱，客户也会很满意。

当然，体验场景的搭建要考虑线上线下体验的区别，有针对性地进行设计。比如线上偏向于碎片化，因此你的体验要能尽快吸引客户，并让他尽快融入，短时间产生效果。而线下体验的时间相对较长，可以设计较为完整、深入的体验模式，并且要增强即得性，满足客户的"我想要，立刻就要得到"的需求。

此外，无论线上还是线下，场景体验都要融入社交元素。有温度有情感的社交互动更能充分挖掘客户的潜在需求。如母婴童品牌孩子王，让员工以育儿顾问的身份与客户沟通交流，像朋友一样了解客户的实际需求以及潜在

的未被激发的需求（包括精神层面、社交层面的），待建立了足够的信任感和认同感之后，再引导客户消费。线上线下的社交化场景体验，更符合社交时代客户的体验需求，也更能增强企业与客户之间的情感联结。

4.3 迪士尼体验：完美体验超出顾客预期

很多企业和商家都知道体验的重要性，但不知道具体如何落地，或者流于形式。迪士尼在顾客体验方面有自己的一套系统性做法，其站在顾客角度思考问题，更突出内容，真正让顾客获得极致的体验，进而俘获顾客的芳心，让顾客下次还想再次体验，或者带着家人和朋友来体验。迪士尼的做法值得想做好客户体验的企业和商家借鉴。

4.3.1 员工亲身体验，用社交发现问题

一般服务业员工是和顾客分开用餐的，但迪士尼乐园不这样。迪士尼乐园的员工和游客一起用餐，这样他们可以像普通顾客一样体验餐厅点餐排队时间、餐厅卫生状况，同时用餐过程中还能与游客聊天互动，向游客获得真实的体验和反馈，以便对迪士尼乐园的服务做出调整和改善。

借助亲身体验、参与和社交沟通，可以让服务者能有效获取更多来自一线的真实问题、服务反馈以及细节，让改善后的服务更能满足消费者的需求。

4.3.2 前后保持一致，避免人设的崩塌

娱乐圈经常发生娱乐明星的丑闻事件，导致明星在粉丝心中形成的人设

崩塌，粉丝的梦破灭了，最后与明星反目。

而迪士尼乐园的很多项目也涉及"人设"，需要迪士尼员工扮演迪士尼经典的卡通人物来服务游客，这期间如果让游客发现这些穿着卡通服的人所扮演的角色与他们想象中的不一样，那就会大大影响顾客的体验，损害迪士尼的口碑。

为了避免发生上述情况，迪士尼乐园制定了严格的服务准则。比如，迪士尼不允许两个一样的唐老鸭人偶出现在迪士尼乐园的同一个地方，而且人偶还不能说话，得借助身旁的园区工作人员与顾客交流。下班后，人偶也不能在朋友圈等社交平台发布消息，说自己扮演过唐老鸭等角色。

通过这些严格的规则，迪士尼乐园帮助游客营造了一个真实的梦，让他们在线下场景与卡通人偶互动时，对方给他们的感觉与卡通片中的人设保持一致性。

4.3.3 针对不同感官，营造多维度体验

研究显示，人在接受信息时，不同感官在体验方面所起的作用差别很大，其中视觉、听觉、嗅觉、触觉、味觉的作用分别占83%、11%、3.5%、1.5%、1%。因此，迪士尼乐园为了营造多维度的客户体验，会从多方面来布局游区。

很多游客体验完迪士尼乐园之后，都觉得体验了一场视听盛宴，钱花得很值，下次还会带着亲朋好友过来体验。这是迪士尼从视觉、听觉方面来影响游客，突出游客的视觉、听觉方面的体验。而国内的很多恐怖主题的游乐场所，为了增强恐怖效果，也会重点在视听方面下功夫，让消费者的视觉、听觉受到强烈刺激，达到其恐怖效果。商家的做法与迪士尼乐园有异曲同工之妙。

此外，迪士尼乐园还会拓宽游客其他感官的体验。如迪士尼在其糖果店中会安装发达的通风系统，让糖果的香味远飘"万里"，让远处的游客也能闻到香味，专门远来"觅食"。

正是通过这种多维度设计，迪士尼乐园让游客能获得多感官的享受，让本次体验印象深刻。

4.3.4 运用峰终定律，让顾客芳心暗许

"峰终定律"是心理学中的概念，是说一次行动，高潮时和结束时对客户的体验感影响最大。迪士尼乐园充分运用了这个心理学原理，在游客游园过程中针对不同环节精心设计了不同的项目。

为了增强"峰值体验"，迪士尼乐园会在不同环节都设有能产生高潮的刺激项目，并在其中设有一个能让游客到达高潮顶峰的别出心裁的刺激项目。

在"终值体验"方面，在游客即将结束所有体验之前，在夜晚迪士尼乐园会举办盛大的烟花表演，让游客享受极为特别的视听盛宴。

迪士尼乐园通过做好这两个环节的体验服务，让游客获得了不一样的体验，他们在离开迪士尼时内心充满了满足与好感，无形中提升了迪士尼乐园在游客心目中的好印象与好口碑，随着这些口碑在游客社交圈中的传播与扩散，越来越多的顾客被吸引而来。

4.4 小米体验：如何做好社交化服务体验

新零售巨头小米靠手机起家，但本质上小米其实是家服务型企业，是靠优质的服务和体验赢得顾客的。其中，社交化服务体验策略在小米的客户服

务中起着举足轻重的作用,让小米更加契合社交新零售的调性。

4.4.1 小米的商业模式决定了服务是核心竞争力

小米为什么一定要重视服务?

这是由小米的商业模式决定的。小米的商业模式类似于小餐馆模式,做好服务然后收点小费。用雷军的话说,就是服务好客户,通过客户"打赏"的小费来赚钱。小米把硬件产品当作互联网软件看,而互联网软件盈利的模式就是薄利多销。因此,服务自然是小米这种商业模式的核心环节。这不是雷军随便喊喊口号,而是由小米自身的商业模式决定的。这种理念的表现形式之一,就是小米的客服地位比较特殊。

传统零售企业中,客服的地位和收入往往不高。因为在老板心中客服就是企业和客户之间的防火墙,他们最大的价值就是在前线挡住客户的不满。而小米为了真正突出客服的重要性,从战略和战术两个维度都很重视客服人员。战略上,从雷军到中高层,心中对客服的重要性有深刻的认知。战术上,小米将客服大量外包转变为自有客服为主。刚开始,小米60%的客服是外包的。但目前外包的客服控制在25%以内,余下的都是小米自有的客服团队。

为什么扩大自有客服比例?这是因为,当客服是小米内部员工时,他服务客服的心态与外包客服差异很大。外包的客服自认为拿一分钱做一份事,做完事走人,对客户没有那么用心。而自有客服对小米的服务工作会更有认同感,服务客户时更用心。

此外,小米会要求客服要使用小米的产品,先成为小米的粉丝,这样在服务客户时会更得心应手,也更能与客户产生共鸣。

与此同时,小米也在试着从"米粉"中选择一些人到小米做客服。这些粉丝因为高度认可小米,做服务时更用心,而且因为自己就是小米的资深客户，非常了解客户的感受和痛点，服务质量很有保障，能给客户带来更好的体验。其实目前很多企业也在采用类似的方法。比如，我之前工作的公司微谷中国，它会挑选一些价值观、理念与微谷一致且很认同微谷的学员到微谷工作，服务公司的学员和客户。

4.4.2 人比制度更重要：有了人心便拥有了一切

对小米来说，人比制度更重要。小米对人的重视程度主要体现在以下三个方面。

其一，重视客户。很多企业为了提升客服的价值，会对客服人员进行KPI（接起率、接通率、每个人的工单数等）考核。而在小米，KPI只是辅助参考，公司会让客服人员将更多的精力放在客户服务方面，和客户做朋友，把客户服务好比什么都重要。

小米的一线客服人员在帮客户解决问题、提升客户满意度的过程中，拥有送礼物给客户的权限。这也是小米信任客服和授权员工的表现。

其二，重视客服人员。为了让客户留下好印象，企业线下门店的前台会布置的整洁、美观、舒适，但员工工作、休息的内库往往就很一般甚至"丑陋"。小米之家却改变了这种做法。在负责人心中，舒适如家的内库：一是可以让员工工作得更开心，提升工作效率；二是可以让员工觉得自己被重视，会更用心服务；三是小米认为"人是环境的孩子"，人受环境影响很大，好的内库环境会让店员变得积极、开朗起来。

此外，小米会给客服人员开出高于业内标准20%~30%的薪酬，且客服人员享受好的办公环境，办公卡位、办公椅子等和其他员工一样。

上述做法就是为了让客服人员觉得自己被重视，产生归属感。

其三，重视粉丝。小米还有一群特殊的客服，这就是"米粉"。米粉们会经常向朋友圈好友"安利"小米产品,当好友使用小米产品遇到问题时,第一时间会向这些米粉咨询和反馈。此时这些米粉就起到了小米客服的作用。而这些米粉"客服"的规模已经超过了任何一家企业的客服人数。为了回报这些米粉的付出,小米会重视米粉提出的建议,优化小米的服务和产品体验。同时,小米还会定期开展资深米粉感恩回馈活动,邀请这些米粉参加小米发布会,并让他们优先用上小米的新品。

4.4.3 天下武功,唯快不破:用"快"征服客户的心

互联网七字诀"专注、极致、口碑、快"用来描述小米的客服工作依然贴切。要做好服务,核心就是"要快":发货快、咨询响应快、售后服务快。总之,要满足消费者对"即得性"的诉求。

发货速度方面,小米将传统物流服务升级,在北京、上海、南京等核心城市与多家物流公司合作,开展24小时极速配送等定制配送服务,同时改进了生产和仓储的调度,将中心仓库由6个增加到10个以上。为了保证物流效率和质量,小米优选那些高效的配送公司,其次才会考虑成本。

小米的举措获得了一定的成效。2013年"双11"期间,小米物流一天发货最高量达18万单,而到了2014年4月8日米粉节上,单数提升到了56万单。

售后服务方面,小米高效组建售后部门。2011年7月,4个月内,小米便完成了全国7家小米之家的选址、装修等工作,同时还与加盟商合作,铺设了三百余家售后服务网点。2014年4月,加盟服务网点增加到了五百多家,还推出了"1小时快修敢赔"服务。所谓"1小时快修敢赔",是指1小时内修好客户的产品,如果修不好就赔偿客户20元。这项举措也是为了让客户感受小米的"快"。

在线客服方面,小米实施"7×24小时"在线服务,并适应社交时代的

发展和客户需求的变化，成立社交平台服务团队，如针对百度平台的客服、针对微博平台的客服、针对微信生态的客服等，这些客服团队要能快速响应客户的咨询和反馈。比如，微博客服需要在15分钟内响应微博客户的咨询。

小米的快已经成了企业文化和核心竞争力，并感染了众多的小米授权售后服务商。这些服务商为了配合小米的服务工作，也开通了微博和微信账号，并安排专人做好相关服务。在晚上9点微博使用高峰，这些客服人员会在线及时处理相关咨询和投诉。

对小米来说，如果你发货不够快、售后服务不够快、客户咨询响应不够快，你讲个性化服务、差异化服务都是虚的，更不用说让客户产生高体验了。客户体验好是建立在企业高效服务的基础上。

4.4.4　"7×24小时"在线服务：客户在哪服务就到哪

很多企业的售后服务渠道基本就是为客户提供一个400电话号码。如果客户不方便打电话，或者半夜有问题咨询，这时候400电话就不能解决客户的问题，自然也不能让客户产生好的体验。我现在看到要拨通400电话才能解决问题，第一感觉就是不好。因为这意味着要拨打分机号，而且还不一定有人及时接听。

上面这种传统的服务方式，就是在暗示客户：我们有客服，但你如果想享受我们的服务，就得按照我们的游戏规则来玩。但随着85后、90后、00后等网民的增多，这些客户更喜欢用网络沟通，传统的电话服务已经很难满足广大客户的需求。

为了满足小米客户的需求，提升他们的体验，小米开通了"7×24小时"在线服务平台，让小米的服务能高效触达客户。而且小米的服务会随着社交网络等新媒介的发展而调整和升级。

2010年，小米创立之初，小米与客户主要沟通的平台是小米社区论坛。于是小米安排所有工程师、创始人到MIUI论坛去接受客户的咨询、解答客户的问题。

2011年，小米手机上市后，小米增加了400电话客服以及在线客服系统。小米有专门的客服去百度知道和百度贴吧服务百度平台的客户。当微博火爆时，小米又开始组建微博客服团队，数十个微博客服专门在微博上"一对一"服务客户。当微信时代来临之后，小米又专门成立微信客服团队，及时处理微信生态上的客户的咨询、提问、反馈。同时，小米会有专门客服人员负责及时回复小米商城客户的评价。

重点讲讲小米的客服是如何做好微博服务的。随着咨询的客户不断增加，每天微博的客服人员会接到数万人的微博咨询和提问。为了能保证及时解决客户的问题，保证其体验质量，小米有配套的平台，专门开发了一套对接微博的客服平台。此外，客服人员不断优化响应时间。由一开始的30分钟，缩短到现在15分钟内处理客户的问题。同时，为了能更好地与客户沟通，客服人员在微博与客户沟通时，要"讲人话"，让这些客户备感亲切、有温度。

4.4.5 联合办公：不断提升服务效率

很多企业的客服部门与研发部门之间缺乏足够的沟通交流，通常是客服人员将客户反馈定期汇总后发给相关业务部门就算结束了。这就导致很多信息之间不对称，无法通过客户反馈有效改善产品的性能。

在小米，客服团队和研发团队是在一起办公的，这样如果遇到某类产品问题的咨询和投诉量突然提升，客服团队负责人会直接联系研发团队负责人，一起找出问题的所在。这就大大提升了解决问题的效率，有助于改进公司研发的效率。

4.4.6 会作诗的妹子客服就是不一样

为了优化小米线上零售的售后服务,小米根据客户画像,选择了一些萌妹子做客服,这些妹子有个特色,那就是会作诗。小米最初的消费者以男性为主,这些会赋诗的妹子客服吸引了很多宅男在线搭讪和索要诗歌。通过这些社交互动,小米社区论坛异常活跃与热闹。而在这些很有才华的妹子面前,客户的不满情绪大大缓解。

4.4.7 标准化和非标准化让体验更走心

通常,传统客服在培训时,企业会给他们提供一套标准化的服务体系,比如面对客户时标准化的表情、笑容、问候语、话术。标准化的服务,一是可以提升服务的专业度;二是可以提升服务的效率;三是可以让客服少犯错。但过于格式化的服务,总让人感觉少了点真诚和温度。

面对这种问题,小米的服务在标准化的基础上融入了更多非标准化的服务,让客户在体验服务时能感受到更多的人性化、真诚、走心和温度。

除了一些常见问题的标准化问答和自动回复(如微信公众号等社交平台的关键词回复),小米客服团队在服务过程中会提供更多走心的非标准化服务。比如,苏州小米之家的服务人员接待了一位维修手机的女性客户,客户当天的心情不太好,店员为了让她开心起来,专门送了她一个彩壳,彩壳背后是店员手绘的一棵绿树。女客户看到漂亮的彩壳很开心,说要把它当工艺品收藏起来。在临走前还送了一支洗面奶给店员。

再如,针对小米商城的客户评价,小米客服除了回复很快,话术还很有趣(图4-3)。这些非标准化的灵活反馈,才华和幽默兼备,赢得了客户的好感。

第4章 社交新零售的核心：精准体验营销留住消费者的心

图4-3 小米的非准化服务

（图片来源：小米商城）

当然，非标准化的服务也是有风险的，万一服务人员只顾着让服务"走心"，但问题回答错了怎么办？这时候会不会让客户更为不满？为了解决这个问题，客服团队负责人会安排客服人员每天一起听客服录音，看哪些话术有待优化和改进，通过这样不断地迭代和升级，客服团队提升了非标准化服务的质量，降低了非标准化服务的风险。更关键的是，通过让客服人员一起参与，让客服人员意识到提供走心、有温度的服务的重要性，改变服务心态。

第5章 社交新零售的实战策略：共享经济下的创富先行者

从2016年起，我就开始研究共享经济环境下新零售行业以及其对中国乃至世界商业形态的影响。彼时，社交电商已经崛起、规范，其发展态势不容小觑。然而，虽然社交电商发展得如火如荼，社交网络让大量企业及中小创业者借助社交流量自生长、自裂变的属性，实现流量的裂变、倍增，各自挖到了自己的"真金"。但社交电商也有其不足，它更偏向线上，线下布局有着先天的不足，而线下在体验性、即得性、可信性、黏性方面先天强于线上。

另外，一些新零售企业虽然在品牌、供应链、仓储、物流、数据资源、线下门店方面有着强大的优势，但社交板块是其软肋。

鉴于此，一些有着大格局、前瞻意识和长远眼光的企业开始重视全渠道的布局，将线上、线下、社交融合。此类企业主要分为两类。一类企业是新零售品牌，线下门店及线下渠道是其优势，但线上及社交板块是其软肋。这类新零售企业意识到社交媒体、社交网络、社交营销的重要性后，开始布局社交板块，研究社交玩法，并将其融入企业社交新零售部门及项目的运营中。

还有一类是平台型社交电商、自有品牌型社交电商，这些社交电商企业靠线上起家，先天具有社交属性，但线下布局较弱。这类企业开始实施线下实体店的战略,加强线下布局,拓宽线下渠道,提升客户的体验及零售的效率。

下文将分别阐述这两种不同的社交新零售形态,以及相关的代表性企业的商业案例。

5.1 新零售的社交化策略:渠道革命已来

蒙牛、星巴克、孩子王、东阿阿胶等新零售品牌拥有品牌、门店、渠道、数据、物流等优势,在转型社交新零售的过程中,将众多社交元素融入既有优势中,紧跟社交化趋势,成为一家更符合社交时代的社交新零售企业。

具体而言,新零售企业在进化为社交新零售企业的过程中,可以借鉴上述企业的做法,采取如下策略,如图5-1所示。

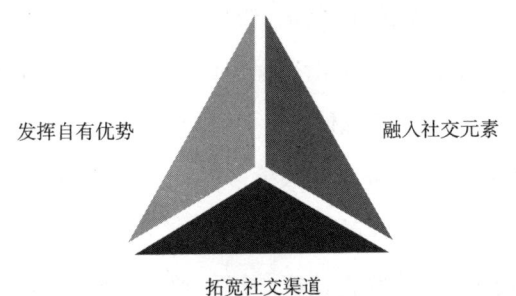

图5-1 新零售的社交化策略

5.1.1 发挥自有优势,加快社交化进程

品牌、供应链、仓储、物流、数据资源、线下门店等资源是蒙牛、星巴克、孩子王、东阿阿胶等新零售品牌的优势所在,这些品牌充分发挥既有优势,在此基础上融入更多社交玩法。

如星巴克将原有的"第三空间"升级为"第四空间",增强线上板块的布局。此外,在欧美等国家,星巴克与脸谱、推特、领英等社交网站合作,与客户充分社交互动,发挥客户的"智囊作用",并借助社交网络广泛传播品牌的口碑,打造品牌的社交影响力。在中国,星巴克则与中国的社交霸主腾讯旗下的微信团队深入合作,推出微信礼品卡——"星巴克用星说",借助微信巨大的社交势能,重塑星巴克在中国社交网络中的形象和影响力。

当然,新零售品牌的原有优势是把"双刃剑",用不好,可能成为品牌社交化进程中的阻碍。用得好,将帮助品牌加快社交化进程,拓宽品牌的竞争力维度,强化品牌的优势领域。

5.1.2 融入社交元素,让营销和服务更有温度

新零售品牌服务、体验的社交化方面稍有不足,而后者恰是社交电商的优势。因此,新零售品牌在社交化过程中,在客户的服务、体验中要融入更多社交元素,让社交化的服务和体验驱动零售,让销售发生在自然而然中。

如在品牌的线上线下服务中融入更多的社交互动、游戏玩法,让品牌社交化,以满足社交时代消费者对情感、个性化、娱乐化方面的高要求。

品牌的社交化服务、体验将让客户感受到一个更有温度、更有人情味的品牌,而不是一个冷冰冰的数字或符号,上述做法将增强品牌与客户之间的情感联结,同时也会提升客户对品牌的黏性和忠诚度。

以新零售咖啡瑞幸为例。从公司成立到股票上市,星巴克用了21年,瑞幸咖啡只用了不到18个月。在中国开拓2000家门店,星巴克花了17年,而瑞幸咖啡只用了不到一年。瑞幸咖啡是怎么做到的?

为了提升客户体验,在不断开拓线下门店的同时,瑞幸咖啡还打通了线上线下渠道,打破了咖啡界"第三空间"的限制,为客户拓展无限空间。同

时，瑞幸咖啡用品质和社交抢占客户的心智，培养其黏性。在将社交与新零售融合的过程中，瑞幸咖啡通过服务让客户感受到品牌的温度，借助有温度的社交营销，迅速裂变客户，开疆拓土。

瑞幸咖啡为了实现"成为年轻人的第一杯咖啡"的目标，线上线下联动，借助App丰富了社交营销的方法和玩法。瑞幸咖啡结合社交传播，配合打折、赠券等营销，不断推广"新客户下单得一杯免费咖啡"的活动，最终，通过社交营销以点带面，迅速实现社交裂变，扩大了客户群体。同时，瑞幸咖啡还在微信等社交平台投放个性化的广告，不断扩大瑞幸咖啡的影响力。

目前，已经有越来越多的新零售品牌开始实施社交战略，在营销和服务中融入更多社交元素。

5.1.3 拓展社交渠道，有效降低运营成本和风险

品牌社交化，不单纯是面向消费者层面，还可以借鉴云集、拼多多等社交电商平台的做法，将消费者转化为社会化协作者（消费商），发挥其自有的社交网络的效能，帮助品牌获得更多私域流量，打造品牌社交化的私域流量池，大量发展品牌的合作伙伴。这样做的好处很明显，就是帮助企业降低运营的成本和风险。

无论是社交电商平台云集、拼多多，还是互联网巨头小米，它们早已布局社交渠道，并取得了一定的成绩。上述品牌的共性是具备互联网基因，拥有一定的既有优势，在互联网思维中融入一定的社交思维，便能迅速拓展品牌的社交渠道。这些品牌无论是社交化，还是拓宽社交渠道，都具有一定的先天优势。

一定程度上，乳业巨头蒙牛作为传统大品牌，它在转型社交新零售过程中拓展社交渠道的玩法对很多由传统品牌转型为新零售品牌的企业更有借鉴

意义。在本章蒙牛社交新零售的案例中，将会阐述蒙牛在社交新零售方面的实践和经验。

5.2 社交电商的新零售化策略：新跑道机会多

小米、云集、拼多多等社交电商品牌的新零售化是新零售大环境下的必然结果。

社交电商品牌新零售化过程中，要利用好自有优势站稳脚跟，再补足自身不足，其新零售化策略如图5-2所示。

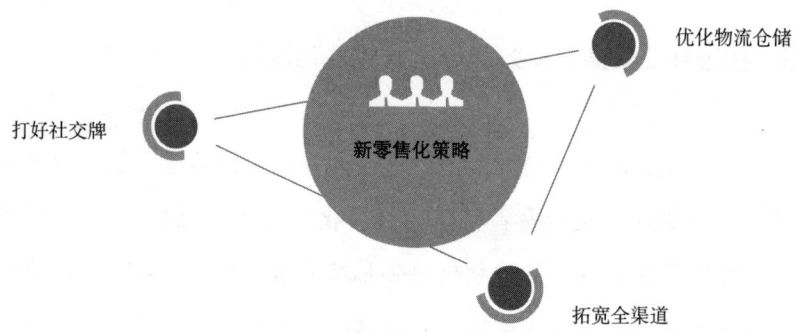

图5-2　社交电商的新零售化策略

5.2.1　新跑道机会多：打好社交牌

社交电商品牌最大的优势是自带社交基因。

中国咖啡市场的前三名历来由星巴克、Costa、太平洋咖啡占据，但2018年以来，中国本土的连咖啡、瑞幸咖啡却异军突起，取代Costa、太平洋咖啡的位置。而连咖啡、瑞幸咖啡用的就是社交新零售模式，其中社交属性、社交元素是两名中国咖啡网红品牌化、打造影响力过程中的重要特色及突出优势。

连咖啡在创立伊始，便知道在线下渠道这一跑道上它与咖啡巨头星巴克很难竞争，于是它选了线上渠道、社交渠道这一新跑道来做咖啡品牌，打响影响力，获客拉新。

连咖啡虽然有"咖啡车间"这一线下根据地，但其90%以上的订单来自线上和社交渠道。可以说，连咖啡一开始便是一个社交零售、社交电商平台，拥有社交基因，属于社交时代下的社交品牌。

为了差异化竞争，突出自身优势，连咖啡坚持社交打法，让自己的营销、零售中融入更多社交元素。与星巴克中国、拼多多类似，连咖啡的社交玩法也是围绕拥有巨大社交流量的微信生态展开，从福袋、咖啡库、拼团小程序，到火爆的口袋咖啡馆，连咖啡围绕微信平台，推出了众多基于社交关系的玩法和商品（图5-3）。

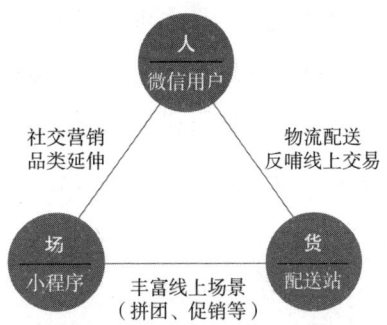

图5-3　社交新零售咖啡品牌连咖啡的"人、货、场"

社交的基因，结合新零售模式，让连咖啡在"双11"取得单周100万杯、"双12"单日40万杯的业绩（图5-4），而连咖啡的"口袋咖啡馆"在一周内其开馆数便超过了100万。这就是社交新零售模式及故事背景下新品牌创造的奇迹。而奇迹背后便是社交时代社交化战略下讲好社交故事的结果。

图5-4 连咖啡的亮眼成绩

（图片来源：央视报道）

因此，新品牌涉足已经比较成熟的市场，并非没有机会，绕开大品牌的跑道，换个新跑道，根据目标消费者群体的特性，用新的打法来玩这个游戏，反而可以获得更多机会。如社交时代，拥有社交基因的社交品牌在社交跑道，用社交玩法去与大品牌竞争，反而可以先占领一部分社交市场，获得活下去的资本，在此基础上再拓宽其他渠道，会更容易。

而像诺基亚这样的大品牌，其原有优势是其成功的核心因素，但也成为它蜕变的"不可承受之重"。"船大难调头"说的就是这个理。可谓，"成也萧何败也萧何"。

5.2.2 优化物流仓储：智慧物流更高效

无论传统电商还是社交电商，物流体系对其都是难题。因此，电商要想持续发展，先得搭建好自己的物流体系。这方面，蒙牛和云集的做法值得社交电商平台借鉴。

为了提高零售效率，提升消费者的即得性，蒙牛社交新零售项目先后在南京、成都、武汉、沈阳、青岛、西安、佛山等全国9大物流城市建仓，借助物控平台体系有效管控物流体系，实现高效物流，打破中国南北区域的局限性，建立"千仓互联"的物流优势。

而云集则实施智慧物流。其一，云集开发更多直送新疆的云网线路，增强新疆等偏远地区的物流时效，改善云集会员的收货体验。此外，云集还综合提升商家服务新疆会员的能力，增加新疆地区的商品品类。同时，云集将新疆地区的物流经验和体系复制给青海、西藏等偏远地区，让中国没有"偏远地区"。其二，云集自建智能仓，加速物流智慧化。2019年7月31日，集自动化、智能化、数字化于一体的"华中智能仓"的正式使用，可以缩短拣货路径，帮助云集降低人工成本，同时还能提升客户物流体验。

5.2.3 拓展全渠道：让服务体验更高效

品牌的线上板块、线下板块、社交板块的融合是全渠道零售大环境下的必然做法。这也是互联网、社交网络发展的结果。

星巴克等传统线下品牌商在打造"第四空间"，增强自己的线上板块。而云集、拼多多等社交电商平台靠线上起家，则要重点打造自己的"第三空间"，增强品牌的线下布局。

在星巴克的线下门店，客户不仅可以消费，还可以轻松社交、聊天、聚会。客户在门店里可以更好地社交，获得更好的场景化体验。小米之家的门店在场景化体验方面也很有特色，客户可以一边享受"逛街"的乐趣一边购物，购物更轻松、更愉悦。当你在这些品牌门店体验之后，你会产生归属感和黏性，定期还会想"常回家看看"。

云集、拼多多等社交电商平台可以借鉴在此方面已经做出一定成绩、拥有一定经验的传统线下品牌商的做法，在此基础上再融入自己的特色玩法。

5.3 星巴克新零售的社交化：将数字与社交合二为一

成立于1971年的星巴克目前是全球最大的咖啡连锁店，在全世界近70个国家星巴克拥有两万多家线下门店，而在中国则拥有4000家左右的星巴克门店。随着全球互联网的发展，遭遇"中年危机"的星巴克开始加快数字化和社交化战略。

从2007年开始，由于经济低迷和竞争加剧，星巴克的全球业绩连续几年处于下滑趋势，年业绩下降了近一半。但在2010年，星巴克的业绩相较2009年增长了一倍，并处于上升态势。

而这一切要归功于星巴克的新零售战略和社交化战略。

5.3.1 星巴克的新零售战略

为了加快新零售的布局，星巴克与阿里巴巴展开深度合作，陆续与阿里巴巴旗下的平台合作开展相关业务，推进其数字化进程和新零售战略。

1. 突破第三空间，打通第四空间

为了推进新零售战略，星巴克中国做出了很大的调整，将原有的"第三空间"理念升级为"第四空间"，即生活空间、工作学习空间、线下零售门店、线上零售平台。星巴克的第四空间打破了渠道的壁垒，实现了全渠道互通互联，让中国消费者可以在星巴克随时、随地、随心地消费，获得无边界的全域消费、服务、体验。

星巴克的上述做法也是目前中国全渠道零售环境下很多新零售企业的战略和做法，其背后是新科技的发展、大数据的赋能。

2. 打造线上新零售智慧门店，打通会员体系

在中国新零售、智慧零售浪潮下，星巴克与阿里巴巴联手打造星巴克新零售门店。消费者除了在星巴克自有平台，还可以在阿里巴巴旗下的支付宝、盒马、饿了么、口碑等平台访问星巴克，享受全域消费、服务、体验，在新科技的加持下实现全渠道消费场景的互联互通。

3. 发力外卖业务，饿了么定制配送

有鉴于瑞幸咖啡外卖业务的成功，星巴克与饿了么展开合作，开拓其外卖渠道。饿了么专门为星巴克配备升级后的配送团队、配送体系、配送设备，保证消费者能享受到与星巴克门店同样品质的咖啡。

4. 入驻盒马，打造"外送星厨"

为了拓宽外卖渠道，星巴克入驻盒马，将自己的咖啡业务变为盒马的一项专属服务，打造属于星巴克的品牌外送厨房。

5. 孵化新品，爆款营销

星巴克与天猫小黑盒合作，推出一系列爆品。如3000只星巴克猫爪杯的首发便选在了天猫小黑盒，发售后一分钟内便售罄。

星巴克在加强这方面的策略，未来，星巴克将会与更多平台合作，实施爆品战略。

5.3.2 星巴克的社交新零售

早在2012年，星巴克便开始加快了社交化战略的步伐，转型为一家集数字化、社交化为一体的企业。借助社交媒体，星巴克与客户社交互动，发挥客户的参与能动性，让客户贡献智慧，同时树立良好口碑，再让客户借助社交网络传播其口碑。

在国外，星巴克主要通过社区论坛My Starbucks Idea、脸谱、推特、领英等社交媒体实施自己的社交战略，与粉丝、客户进行社交互动，扩大自己的影响力，通过社交网络获益。

1. My Starbucks Idea：利用集体智慧

在My Starbucks Idea，客户和员工可以提问、提出建议和创意、投票表决、项目协作，还可以发泄不满。据统计，2008年，客户和员工在My Starbucks Idea提出的创意达8万条，而2014年，则高达14万条。创意种类很多，从产品创意（如纸杯的循环利用、奖励卡片的制作等）到服务创意（如做好客户服务等）。

星巴克还会发挥自己博客的作用，与My Starbucks Idea的客户进行社交互动，并将统计好的创意类别、创意状态（审查中、已审查、已通过、已启动）等资料发布在博客上。星巴克还会定期对优秀的创意进行奖励，如2010年6月，星巴克奖励了2万美元给纸杯循环利用创意的提出者。

与星巴克类似，中国的小米在创业之初，也建立了小米的社区论坛，并让客户积极参与到MIUI系统的设计、研发、体验、建议、完善等一系列过程中，用低成本取得了良好的效果。

2. 脸谱：3800万个赞

星巴克在入驻脸谱网时做了很多前期工作，在时机成熟时才正式亮相，可见星巴克对该社交平台的重视程度。

为了能有效提升星巴克在脸谱网上的影响力，星巴克前期先和脸谱网上拥有数万粉丝的一些KOL联系，并建立了官方合作关系。星巴克的这一举动，无疑是社交网络时代去中心化背景下一种快速高效触达粉丝的社交手段。

正式入驻脸谱后，其在该平台的社交战略有三个关键元素，即真实、有趣、社交互动。

星巴克希望在脸谱上展现出自己真实有趣的一面，弱化营销味，让粉丝对一个人格化的、有趣、有料、有温度的星巴克感兴趣，而非只是因为福利促销而关注星巴克。因此，星巴克社交营销团队会定期更新网页，有节制地为粉丝提供很多真实、高品质的有趣内容。

在星巴克脸谱的主页上,客户可以浏览网页、社交互动、分享创意,还可以提出对星巴克的反馈、建议、看法。截至2014年12月,星巴克在脸谱上积累的点赞数已超过3800万,这一定程度上反映了星巴克在脸谱平台上的强大影响力。与此同时,为处理好这些社交互动的信息,星巴克安排能胜任社交网络服务、有足够耐心的工作人员,与客户有效沟通、互动,收集、整理反馈、建议,并从中筛选出有益的信息,同时,还及时妥善地处理客户的抱怨。如有时候某些主题帖子的网友评论超过3万条,这就需要星巴克工作人员能及时、恰当地处理这些评论,让评论尽量朝让星巴克获益的方向发展。

此外,在脸谱的"墙"上,星巴克可以发布与星巴克相关的新闻、企业活动、产品活动、新品信息、广告甚至企业招聘等多样化的信息。

可以说,星巴克充分利用了脸谱的社交网络作用和影响力。

3. 谷歌和领英:定期看广告效果

在谷歌和领英等平台上面,星巴克也有数百万的粉丝。在上述网站,星巴克会发布一些招聘、企业活动信息等。

为了获得及时反馈,了解社交营销的效果,星巴克会定期统计并评估在这些社交网站上的投入与产出比,然后再决定是否加大在这些平台的投入。

4. 推特:及时更新信息

星巴克在推特上的粉丝是千万级别的。在推特上,星巴克会及时更新企业的信息和活动(如饮品促销)。据统计,截至2013年7月,在推特上星巴克是粉丝最多的零售企业。

5. YouTube:用视频营销

星巴克在YouTube上,有自己的视频频道,定期上传星巴克企业宣传片、咖啡知识等与星巴克主营业务相关的视频,宣传星巴克的企业文化、理念、价值观,并为潜在客户带来有趣的信息和体验,借此让更多网友成为星巴克的粉丝。此外,星巴克也会与YouTube合作,定期投放一些企业广告。

5.3.3 星巴克中国的社交新零售

在中国,星巴克的社交化战略起步较晚,其实施社交化战略的过程中,最大的一个合作伙伴是微信。

1. 微信+星巴克:社交礼品体验更走心

在中国,星巴克在布局新零售的基础上,同样启动了社交化战略。

2017年2月,星巴克与腾讯展开合作,正式推出社交礼品体验"星巴克用星说"(图5-5)。这意味着星巴克的客户在星巴克可以使用微信支付来消费。此外,微信客户通过微信端可以选择丰富的星巴克商品分享给自己的好友,而在同好友分享自己的"咖啡心意"等祝福时,客户可以添加一些个性化、有温度的话语,表达对好友的特殊情感。而好友在收到祝福后,可以在星巴克线下门店兑换成商品。通过这些社交方式,客户可以加强与社交好友的互动、情感联系。

你也许会想,随着中国支付宝、微信支付的大面积覆盖、客户支付习惯的养成,难道还有中国境内的企业或商家不愿意使用支付宝、微信支付?事实上,在大环境下,很少有企业和商家能对抗客户的支付习惯,星巴克也是如此。只不过腾讯在与星巴克达成社交战略合作之前,是费了一些心思的。

那是因为,星巴克在美国、欧洲等

图5-5 星巴克用星说的微信小程序
(图片来源:星巴克微信小程序)

第5章　社交新零售的实战策略：共享经济下的创富先行者

国家早已实施了社交化战略。早在2009年，美国西雅图的星巴克通过绑定星巴克旗下的星礼卡、星享卡，让客户在星巴克App上下单、支付，打造属于星巴克的生态闭环系统。在此战略下，星巴克中国也试图打造中国式的生态闭环系统，所以在中国门店中拒绝客户使用支付宝、微信支付等第三方移动支付平台，试图让客户也使用星巴克的星礼卡来支付。

但在中国移动支付环境已经成熟的当下，星巴克中国的生态系统与中国消费者的消费习惯之间的磨合难度显然不小。此外，星巴克中国也想加快数字化、社交化步伐，推进"第四空间"进程。多种因素的叠加下，星巴克中国不得不再次考虑其社交战略，并在深思熟虑之后，选择了与中国的社交霸主腾讯合作，推进其社交化进程，让客户在星巴克中国的"第四空间"环境下能享受更多的社交互动、有温度的情感联系，增强客户的黏性和忠诚度。

星巴克是中国首家在微信上推出社交礼品体验的零售企业。通过这一合作，星巴克中国将进一步增强线上、线下、社交三大板块的连接，拓宽了其"第四空间"的服务范围。

星巴克的社交礼品体验"用星说"让送礼不再只是"钱的赠送"，而是以微信为流量入口，增强社交互动和情感元素，让客户感受到在星巴克消费的便捷、温度。对星巴克而言，借助社交礼品体验"用星说"，可以深化品牌的社交战略，用更温情的方式加强品牌与更多客户的情感联结。

2. 星巴克如何借助社交平台"转危为机"

在"咖啡致癌"谣言出现并在不到10个小时内刷屏全网后，出现咖啡品牌危机的星巴克却也只用了不到10个小时便转危为安，甚至还获得了更多粉丝。星巴克是怎么做到的？借助社交媒体的势和力。

（1）借助微信平台及时做好危机公关

"咖啡致癌"谣言出现时，星巴克及时借助微信平台做出反应，并做好危机公关。移动互联网时代，微信生态的能量始终不容小觑。同时考虑到病毒传播速度之快，品牌的危机公关要高效，否则将造成巨大损失。

在此次事件中，星巴克借助社交媒体，用社交化的方式及时辟谣，并取得了巨大效果，这一方面也说明，社交公关已成为品牌的必修课。

（2）社交自媒体和企业媒体比大众媒体更高效

在星巴克本次事件中，仍然拥有一定公信力的大众媒体跟进迟缓，而丁香医生、果壳等企业媒体、社交自媒体的反应速度更快，且专业程度让其说服力和可信度很强。

（3）流量为王日渐衰微，内容为王渐成主流

粉丝经济的影响仍在，但流量为王的时代正渐趋渐远，社交媒体的内容（文字、图片、视频等）的重要性正日渐凸显。星巴克事件中，垂直领域专业度很强的社交媒体，其公信力、影响力、说服力正不断上升。

滕华涛导演的影片《上海堡垒》惨遭口碑、票房的滑铁卢之后，民间已经不看好鹿晗等顶级流量明星对影片票房的影响力，而普遍更看好电影内容和质量对票房的重要性。

同样，其他行业也是如此。在去中心化大环境下，能输出高质量、高专业度内容的社交媒体，即使是小众媒体，其话语权及影响力也有可能大于一个拥有众多粉丝的社交媒体。

5.3.4 星巴克社交新零售启示录

星巴克之所以能在社交化进程中取得巨大成绩，与下述因素有关。

（1）重视社交媒体。星巴克很早便开始重视社交媒体的发展及其影响力，因此很早便开始布局社交板块。

（2）鼓励分享。在社交化的过程中，星巴克重视聆听客户的声音，鼓励客户借助社交工具分享、互动，积极参与到星巴克的发展中，为星巴克提出

更多有建设性的意见和想法。而且它很重视客户的想法和建议，会从中筛选适合的点子，让它真正转化为可以促进星巴克发展和进步的方案。

（3）重视客户的个性化体验。无论是"第三空间"，还是增加了线上板块、社交板块的"第四空间"，客户的个性化体验一直是星巴克很重视的一环。

（4）保持信息传播的一致性和及时性。星巴克很重视企业形象和客户口碑，因此在借助社交网络传播信息时，它会保证信息传播的真实性和高效性。

（5）利用社交交叉获客拉新。社交网络是星巴克获客拉新、倍增客户的重要工具，而星巴克在社交板块方面的布局和行动，让它能充分享受到社交网络的红利，将自己的品牌转型为具有社交属性的社交新零售品牌。

5.4 蒙牛社交新零售：传统企业如何转型社交新零售

社交新零售的发展和优势吸引了包括蒙牛、娃哈哈、东阿阿胶等众多传统品牌涉足。作为蒙牛社交新零售项目的研究者和实践者，我一直在跟进和研究蒙牛社交新零售项目，也见证了它的发展历程。下面将简单阐述一下，截至本书定稿前，蒙牛社交新零售的发展历程，以及它对广大中小企业转型社交新零售的借鉴意义。

5.4.1 蒙牛社交新零售发展简史

蒙牛并未在企业内部成立社交新零售项目，而是利用其品牌实力和影响力作为支持和背书，与具有一定行业经验和实力的第三方经销团队合作共同成立公司来运营社交新零售项目。

作为传统乳业巨头，蒙牛进军社交新零售领域经过再三思量。早在2016

年，蒙牛已有涉足社交新零售的规划，但直到2018年1月，蒙牛才通过首款专供社交新零售渠道的产品——慢燃纤维奶昔牛奶，进军社交新零售领域，并于同年1月22日举行了新品发布会。慢燃纤维奶昔牛奶作为蒙牛首款体重管理板块的产品，受到了蒙牛高层的高度重视。

一经亮相，借助其已有的影响力，蒙牛便引起了社交新零售行业的广泛关注。在蒙牛社交新零售项目起盘之前，国内领军的社交新零售服务平台——微谷中国的总裁凌教头曾亲自到南京与蒙牛社交新零售项目操盘团队决策层会面。这从另一个侧面表明市场对蒙牛社交新零售项目的重视程度。

当然，慢燃没有让蒙牛失望，与同年进军社交新零售领域的其他传统巨头相比，它交出了一份还算让蒙牛满意的答卷。

2018年6月，经过近半年的发展，蒙牛慢燃项目市场交易额接近10亿元。该年夏天，蒙牛慢燃赞助了世界杯，与全世界球迷沸腾一夏。

2018年7月，蒙牛慢燃全国运营中心发展的经销商达10万人，并先后在南京、成都、武汉等中国9大物流集散城市建仓，以服务整个中国蒙牛社交新零售项目。

随后，蒙牛慢燃赞助了由钟汉良、江疏影等一线明星主演的搜狐开年大戏《一路繁花相送》，开始将传统造势打法用于蒙牛社交新零售项目。

2018年9月，慢燃取得的成绩让蒙牛高层对其即将成立的社交新零售平台信心大增，在此背景下，继慢燃之后，蒙牛社交新零售的第二款产品——水解胶原蛋白"蒙牛凝纯"正式发布，此次专门邀请了明星马思纯作为其代言人。由此折射出蒙牛的野心——打造一个社交新零售平台。无论慢燃还是凝纯，都是该平台的一个点，最终是要由点到面，发展为一个大健康和美丽板块的平台。

2019年2月19日，对蒙牛社交新零售项目而言，是一个具有里程碑意义的日子：蒙牛社交新零售平台正式成立。传统蒙牛事业部的高层与蒙牛社交新零售操盘团队主要负责人共同见证了该平台的成立。

5.4.2 蒙牛社交新零售给中小企业的启示

作为传统企业转型社交新零售的典型代表，蒙牛的做法和经验给了广大中小企业很多启示。

1. 实体+互联网：让传统渠道插上数字化的翅膀

刘慈欣的《三体》火了之后，书中的"降维打击"概念开始在互联网界流行。在传统企业面前，互联网从业者有着一股独特的优越感：他们不断尝试着将互联网的商业模式引入线下，通过降维打击击垮甚至颠覆传统商业。

然而，蒙牛起源于传统实业，它反其道而行之，借助"实体+互联网"，在传统企业转型的过程中找到了一条独特的路径。在实践"实体+互联网"的过程中，蒙牛发挥自有的实体渠道优势，让它们插上互联网的翅膀，实现了传统渠道的数字化。这样做的好处是，蒙牛的实体产业变得更为高效，能为消费者提供更好、更便捷的服务和体验。

2. 体验+透明，重塑诚信基石

为了提升零售效率，让消费者获得更好的体验，由蒙牛与第三方共同出资打造的社交新零售平台南客觅品同时布局线上线下，其线下5000家饮品店和城市创客中心计划已经开始陆续实施。通过饮品店和城市创客中心，消费者将获得优质、高效、极致、全渠道、无缝化的服务和体验。

产业链的透明化也是南客觅品要实现的一个重要目标。透明化将让消费者对蒙牛社交新零售项目更加信任，而这正是社交新零售得以迅速、长久发展的核心。

其一，全链条扫码追溯体系。南客觅品实时监控所有分仓数据，将物流配送标准统一，优化产品包装，并对产品进行定期抽查，降低物流中的货损，同时实现"生产—出厂—入仓—快递发货—收货"的全链条扫码追溯体系。

其二，以全产业链追溯体系为核心。假货、串货、乱价一直是社交新零售企业头疼的事，为了解决上述问题，南客觅品打造追溯系统，消费者通过扫描二维码便可以对产品的产地、发货源头等信息一目了然。

3. 平台共创：低成本获得流量、裂变渠道

蒙牛社交新零售的规划，早已透射出其布局平台的野心。为了创建蒙牛社交新零售平台，蒙牛除了走出去，还将吸引更多品牌及产品入驻平台。未来，蒙牛社交新零售平台的商品除了体重管理、美容护肤、肠道管理、儿童营养、运动健康等上述提及的品类，还将涵盖生活日用品，以及知名品牌的产品。

蒙牛社交新零售平台将让平台上的社交新零售从业者拥有更多产品的代理权，加上平台的云仓储、一件代发优势，蒙牛社交新零售平台将吸引更多想在社交新零售领域掘金的创业者。

而社交新零售的社交网络优势，让蒙牛社交新零售平台在减少广告投入的情况下低成本获得流量、裂变渠道。平台将节省下来的广告等宣传费用让利给经销商和消费者。经销商借助平台获得低门槛、低风险的轻创业机会，创造财富。消费者则获得价低物优的商品。平台、经销商、消费者之间是多赢。

4. 全渠道：重构传统零售业

蒙牛社交新零售从三个方面重构了传统零售和电商，实现了全渠道社交零售，提升了零售效率：

其一，供应链的重构。蒙牛社交新零售融合了新零售模式，其供应链借助新科技，用数字化技术提升了物流、支付等环节的效率，让经销商无须囤货，不再为物流等售后服务操心。

其二，销售渠道的重构。蒙牛除了原有的线上线下渠道，其社交新零售项目采用社交新零售模式，拓展了其社交渠道，用低成本吸引了大量中小创

业者成为其渠道商（经销商），部分消费者在"自购省钱、分享赚钱"模式的激励下，也成了经销商。这就实现了更低成本的运营。

此外，蒙牛线上线下结合，打破了原有模式空间方面的局限，让蒙牛社交新零售渠道像毛细血管一样渗透至一线城市到四五线城市。

其三，线上线下商业形态的重构。蒙牛社交新零售融合了线上、线下、社交，其中线下体验极为重要。5000家饮品店和全国创客中心计划，将提升其整体的服务质量和消费者体验，实现更高效率的零售，促进其业绩的增长。

5.5　云集的新零售化：社交电商鼻祖重构"人、货、场"

2018年7月26日，拼团模式的平台型社交电商拼多多赴美上市，成为中国社交电商第一股。从创办到上市，仅花了三年时间。

2019年5月3日，纳斯达克一声钟响，转型为会员电商的平台型社交电商鼻祖云集正式赴美上市，成为中国会员电商第一股，以百亿市值为万众瞩目。云集同样仅花了三年时间便完成了由创办到上市的华丽转变。聚光灯下，云集创始人肖尚略及其他元老内心不知做何感想？

转型后的云集，通过模式创新、科技赋能，布局新零售。社交电商平台云集骨子里拥有社交基因，因此在其新零售布局中融入了很多社交玩法，成了一家社交新零售企业，并通过三大创新提升了"人、货、场"的效率。

2019年3月5日下午，云集高级副总裁张铁成在中国传媒大学《企业创业与创新》课程中介绍了云集的商业模式，如图5-6所示。

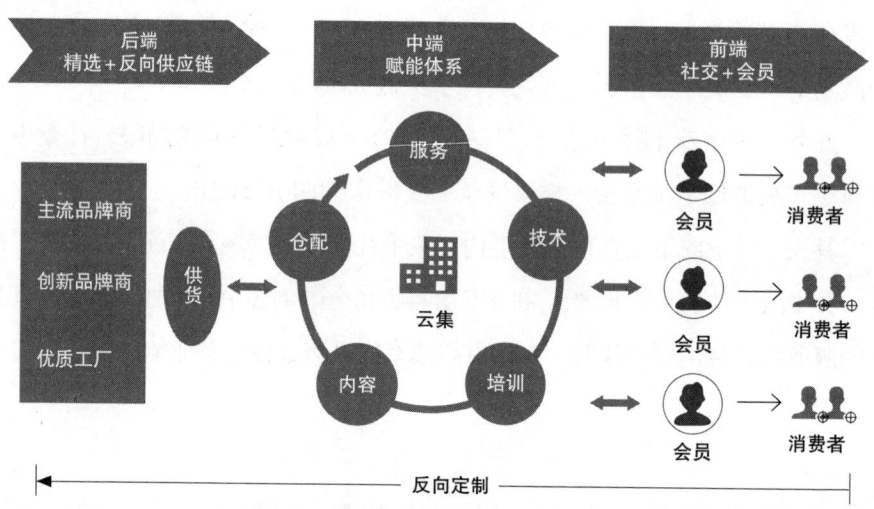

图5-6 数字化融合背景下的云集模式

在云集的赋能下,每个客户都能成为传播者和销售者。卖家在社交网络上通过"晒"的方式,让社交圈潜在的消费者了解商品的信息,在社交网络的基础上,建立消费者对卖家及产品信息的信任,并促进购买。

在后端,云集会对主流品牌、创新品牌以及优质工厂进行筛选,严格把关云集平台上的商品品牌和质量。在中端,云集为客户提供专业的客服、仓储、IT、培训和内容,减少了客户进货、存货、发货的环节。在前端,云集帮助会员更好地借助社交网络及社交玩法做好传播和销售。同时,会员通过精细化运营社群,能快速地传播信息和收集信息,直接分享,快速跳转。

简言之,云集的商业模式就是,云集在供应端负责精选商品,在社会端借助社交和分销模式,实现商品的快速销售。同时,云集通过会员电商模式为会员提供优质产品和服务,充分挖掘会员的单客价值和终身价值。

下面,重点介绍云集在实践新零售的过程中是如何通过重构"人、货、场"的创新措施来提升场效、人效、货效,实现更高效率的社交新零售的。

第5章 社交新零售的实战策略：共享经济下的创富先行者

5.5.1 云集社交新零售如何提升场效

社交电商云集在社交新零售方面的第一个创新是提升场效。如何提升场效？借助社交赋能和大数据赋能，让"场"插上社交和效率的翅膀。云集提升场效的重心是改进信息流、资金流、物流的效率。如图5-7所示。

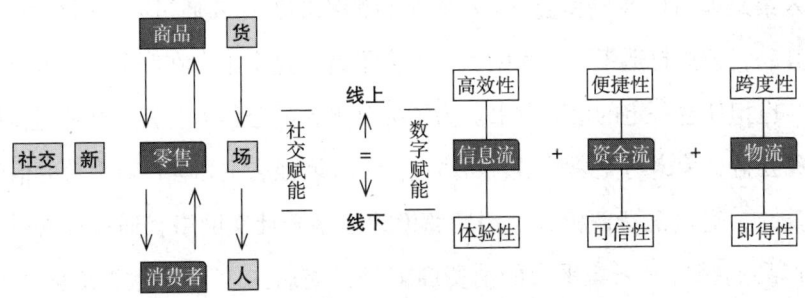

图5-7 数字、社交赋能云集的场效

1. 信息流：高效性和体验性兼得

通过社交网络，社交好友向身边的客户分享自身的购物体验，让客户无须自我体验便可获取有用的体验，让体验的获得更高效。

此外，为了提升高效性和体验性，商品信息流引领个性化时代也成为云集的一大特色。在很多人印象中，"付费订阅+推送机制"仅仅发生在优爱腾等视频网站。然而，随着个性化时代的到来，平台规模化、服务规模化将成为主流。此外，订阅万物也将成为浪潮，其中商品、服务等信息都可被订阅。这就意味着商品信息流的重要性将日渐凸显。而这也是云集现在正在做的事。云集会员通过订阅可以获得商品咨询和服务咨询，即获取更有针对性的丰富信息流。而信息流是"人、货、场"中"场"的一种特性，将信息流的高效性和体验性融合，无疑会提升"场"的效能。

2. 资金流：便捷性和可信性兼备

微信、支付宝等移动支付方式让消费者在云集平台购物更便捷了。不久的将来，随着5G等新技术的发展，支付方式会更加便捷。

但支付便捷的同时，支付安全是摆在消费者面前的一个现实问题。如果资金安全得不到保障，消费者购物时会犹豫，甚至干脆到其他更安全的商家或平台那去买。因此，商家或平台要想让消费者看上产品之后能爽快地掏钱，就得让他对商家或平台产生信任。

云集是如何让客户和会员放心在平台购物的？主要通过以下两种方式。

其一，云集打造了一个大的社交电商平台。这个平台在服务客户和会员的同时，也担任着一定的信任背书。为了提升平台的公信力，云集会通过实际行动（如公益、承诺与兑现承诺、媒体宣传）来增强店主和客户对平台的信任。

其二，通过消费商模式。消费商模式是基于社交网络，通过社交分享来促进产品的销售。云集平台的消费商就是云集店主。这些店主服务的客户，很多人都是他社交网络中的一员，彼此之间已经建立了一定的信任基础。因此，店主在社交圈分享云集平台的商品信息及购物链接时，之前的信任会消除消费者对支付安全的顾虑，让他们能放心在云集平台购物。消费商模式帮助云集大大降低了建立信任的成本。

云集通过上述方式，让消费者能同时享受到支付的便捷性和可信性。

3. 物流：跨度性与即得性兼备

云集借助社群团购、社区团购、智慧物流，让商品离你更近，解决了跨度性问题，提升了客户的即得性。

智慧物流是云集的重要项目，也是其新零售战略的一大特色。云集通过以下措施加快了建设智慧物流的步伐。

（1）自建智能仓，让物流更智慧

为了加快自动化、智能化、数字化仓储物流的布局，2019年7月31日，云集服务华中地区客户的"华中智能仓"在湖北鄂州开仓。自此，云集在仓库建设、管理维护、数据存储等方面均掌握主动权。在云集智能仓中，云集自主研发的仓库管理系统也将投入使用。

"华中智能仓"中有众多亮点,其中智能化仓储机器人和可移动货架是其中比较亮眼的"黑科技"。仓储机器人个头小,但最高承重800千克,每秒能移动1.5~2米,可以搬运可移动货架,将正确的货、量送达拣选人员面前,能更精确地把包裹送达客户,减少差错率,提升客户的物流体验(如图5-8)。总体而言,云集的智能仓储可以缩短拣货路径,帮助云集降低50%~70%的人工成本。

图5-8 云集的智能仓储机器人

(图片来源:https://www.yunjiglobal.com/new_0G981ERV1.htm)

此外,2018年4月,云集与Geek+合作,入驻昆山Geek+智能仓,大力布局自动化智能仓储。

通过加大仓储物流方面的投入,云集加强智慧物流的布局,旨在提升会员的购物体验。

(2)云集让中国没有"偏远地区"

长久以来,由于地理位置的问题,新疆、西藏、青海等区域消费者收货慢,即得性、体验性欠佳。为了解决上述问题,云集于2019年5月4日开展了云网项目，借助"昆山—新疆"物流体系，以往可能需要7~10天才能送达的货物现在最快4天便可以送达云集客户。

近两年，云集新疆方面的订单已占平台总订单的6%，远高于其他电商平台。基于云集的物流体系及新疆方面的配送经验，云集以干线运输为轴，以末端快递配送为网，开展云网项目，全面提升新疆物流的时效。

除了消费者，云网项目的另一受益者是商家。历来，新疆地区的配送时效性差、费用高等问题让商家头疼，也限制了新疆地区销售商品的品类。而云网项目降低了配送费，提升了时效性，增加了商品品类。

接下来，云集一方面开发更多直送新疆的云网线路，提升云集会员的收货体验，另一方面将与更多商家合作，提升商家服务新疆会员的综合能力，增加新疆地区的商品品类。

此外，云集还将新疆地区的物流经验复制到青海、西藏、云南等偏远地区，帮助商家用更低成本触达更多会员，提升客户的服务和体验。

5.5.2 云集社交新零售如何提升人效

随着互联网等新科技的发展，"人、货、场"中的"货"——商品、服务都插上了数字化的翅膀，而在此大环境下，"人"（消费者）通过线上线下社交网络的社交、共享、协作，不仅实现了数字化，还插上了社交的翅膀。

现实商业环境中，消费者扮演五种角色。

其一，是受众。企业不断借助广告等宣传手段强化品牌在消费者心中的认知和印象，这是品牌化的路径。此时消费者是受众。

其二，购买者。企业通过一些促销活动让消费者产生购买行为，此时消费者是购买者。

其三，使用者。消费者购买产品后要使用产品，如果使用效果好，体验不错，消费者会再次购买该类产品，或者购买品牌的其他产品。此时消费者是使用者。

其四，传播者。消费者体验和使用产品后觉得不错，于是向社交圈好友分享、推荐这款产品。此时，消费者是传播者。

其五，消费商。企业通过一定的商业模式，让消费者成为消费商（经营者），让他在消费的同时还能通过与企业、商家合作，获得收益。

随着移动互联网及社交网络的发展，消费者花在社交、娱乐方面的时间比重在加重，而购物方面的时间占比则在降低。社交电商平台云集要做的就是，借助数字化、社交化赋能消费者，让消费者将更多的时间花在线上线下的社交购物方面。这也是云集在社交新零售方面的第二个创新，即提升人效（图5-9）。

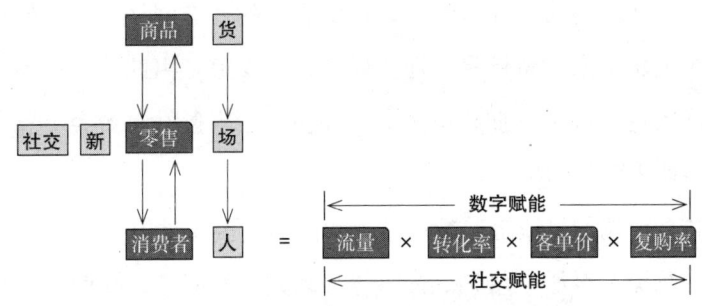

图5-9　数字、社交赋能云集的人效

云集将数字化商品、服务、社交与数字化的消费者相融合，并借助社交网络和互联网赋能消费者，让其成为传播者和消费商，通过社交新零售模式重构"人、货、场"，在降低成本和风险的同时，提升零售的效率。在云集平台上，"人"不单纯只是消费者这个角色，还可以同时集消费者、消费商两种角色于一身。这也是云集在"人、货、场"方面的巨大革命。

无论是企业，还是创业者，通过社交网络可以获取低成本的社交流量，并将其转化为消费者和消费商。这种方法提升了转化率、复购率，降低了运营成本，借助社交大大提升了"人效"。

此外，云集也在用它的精品会员电商模式实践它的超级客户思维。

云集会为平台客户做个性化推荐和游戏化分享，让服务更有效率，让客户体验更好，借此充分挖掘客户的终身价值。"持续关注客户价值，持续关注效率"。这是云集的"长期主义"，也是云集创始人肖尚略的"长期主义"。

与此同时，云集与达能、欧莱雅、强生、伊利、雀巢等国内外一线品牌合作，为客户提供更好的商品。

云集的会员电商模式，让平台会员有更多机会参与到社交新零售的社会化协作网络中，成为一个超级客户。云集的会员集客户、媒体、渠道三种角色于一身：他能给新零售传递客户价值；作为媒体，会员可以教育客户传递个性化信息；同时，会员还是消费商，发挥着社交渠道的作用。正是云集会员的这种超级客户特质，让云集可以借助客户的社交网络。客户的分享、传播，不仅为云集带来大量销量，还拓展了社交渠道。由此，云集缩减了大量传播和拓展渠道的成本，拥有更多资本和精力去服务好平台会员和客户，进而在社交商业中脱颖而出。

云集整合后端的供应链，精选品牌和商品，再通过中端，为b端（会员）提供仓储、物流、客服、培训、内容等一系列配套服务，让前端的会员借助自有社交网络，安心做好产品的分享、销售、服务。而这些会员之前只是普通的消费者，因为认可云集的企业文化、理念、模式，因此成为会员，实现了由消费者到消费商的转换，并集两种角色于一身。

5.5.3 云集社交新零售如何提升货效

云集在社交新零售方面的第三个创新是提升货效，将数字化、社交化合二为一，赋能商品供应链（图5-10）。

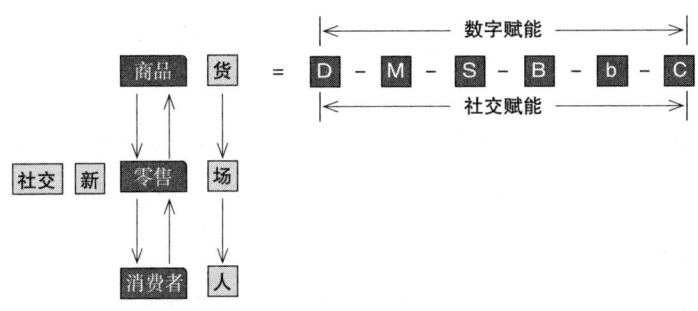

图5-10 数字、社交赋能云集的货效

云集将S（供应链）和B（传统商超等）融合，将零售终端的b（夫妻店等）和C（消费者）交融，让客户在消费的同时有机会成为消费商和创业者。b借助自己的社交网络，将自己认可的产品和事业机会分享给朋友圈的C。而C和b之间因为已经建立了一定的信任，转化为客户和消费商的概率和效率大大提升。而云集这个平台，因为有社交网络这个营销渠道，可以减少传统营销（如广告）方面的投入，将省下来的钱部分让利给b和C。对C来说，他可以用更少的钱买到更具性价比的产品，而且朋友的推荐还能帮助他节省选择的成本，他无疑是受益者。而b可以"自购省钱，分享赚钱"，也是获益方。因此，借助数字、社交赋能S-B-b-C，云集社交新零售平台形成了平台、b、C三者互惠、多赢的局面。

此外，为了优化供应链，云集将加大供应链改造方面的资金投入，压缩货的流通成本。同时，云集还会赋能生产商，用平台的客户数据和自有渠道等资源帮助生产商控制生产成本和风险。如云集通过加强平台消费者的主导性，借助反向定制的方式，让新消费环境下的消费者"逼"着生产商提供更符合消费者个性化需求的产品。而生产商在此基础上，掌握好产品产量这个"度"，无疑可以有效解决库存问题。

通过这些措施，云集充分借助互联网和社交网络的势能，大大提升了商品的流通效率，降低了流通成本，提升了货效。

5.6 拼多多的新零售化：与阿里、京东的竞争火力全开

2018年初，拼多多仅用了三年时间，其总成交额便超过400亿元，与淘宝、京东等电商平台并列到电商的第一梯队。而总成交额超过100亿元，京东用了六年时间。

平台型社交电商拼多多把握中国消费分级这一趋势，将重心放在了五环外的三四五线城市的消费者身上，实现了原始积累。当拼多多在电商行业站稳脚跟后，开始了新零售的布局。这一方面是拼多多自身的内部革命需要；另一方面是因为阿里、京东等巨头入局社交电商后行业竞争加剧，拼多多必须采用"自救"的方式来增强自身的竞争力，从巨头围攻的市场环境中突围并强化自身的竞争壁垒。

5.6.1 拼多多重构"人、货、场"

在巨头云集的电商行业，拼多多以人为中心，走了一条差异化的进化路径，通过拼团模式的社交电商模式异军突起。

1. 从"物以类聚"到"人以群分"

传统电商商家获取流量的成本不断攀升，这已经成为电商行业的普遍痛点。在此背景下，拼多多摒弃传统电商"人找货"和重视商品经营的模式，而是更重视经营人，通过社交玩法赋予消费者更多话语权和参与感。拼多多把准时代脉搏，通过拼团模式，发挥社交网络的作用，通过低成本的社交分享将客户变成平台的传播者，快速裂变客户。

此外，拼多多采用大数据、云计算等新科技辅助零售，让消费者在拼多多架构的消费场景中获得不一样的服务和体验。

可以说，拼多多采用了社交新零售的模式重构了"人、货、场"，由传

统电商的"人找货"变成了"货找人",增强了人的重要性,提升了人效。

2. C2B反向定制:高质未必高价

海尔、红领、必要商城等企业采用C2B模式,根据消费者的个性化需求,为消费者"量身定制"商品,这样可以有效解决库存和中间环节带来的高成本问题,提升货效。拼多多在此方面也做出了很多探索,并取得了一定的成绩。

C2B模式虽然可以满足消费者的个性化需求,部分降低中间环节的成本,但如果相关方面的需求量没有那么大,商品供应的成本反而要高于普通商品,对商家来说不是一笔划算的生意。海尔等企业是与阿里等大平台合作,利用平台的大数据将类似的需求集中在一起,这样便可以通过规模化降低定制成本。拼多多则利用平台自有的大数据,整合这些个性化需求,然后定制生产计划,一方面控制生产厂家的定制成本,另一方面严把质量关。这样,平台上的客户可以用同样的价格买到更优质、更符合其个性需求的商品。

所以,高质未必高价。而优质低价策略也是社交新零售大环境下品牌想在激烈的竞争中胜出的重要法宝。

5.6.2 AI新零售:开启社交电商的智能时代

AI的使用是新零售进化过程中的必然,而借助AI,企业和商家可以优化"人、货、场",让消费者获得更好的体验性和即得性。

对企业或平台来说,实现商品与客户需求之间的有效对接是企业竞争力的核心。一方面可以满足客户需求;另一方面还可以降低运营成本。对拼多多也是如此。

拼多多是借助社交思维及新科技起家的,在消费者与平台交易的过程中存在大量的消费数据,而交易过程中又融入很多社交元素,这些社交化的客户数据可以帮助AI制订出更为精准、具有针对性的方案，在控制成本的情况下，更好地满足消费者需求。具体而言，AI的应用给拼多多平台创造了如下价值。

（1）科学选品和定价。借助AI，拼多多可以优化人工选品和商品定价过程中出现的问题，进行科学选品和定价。

（2）提升适应能力。根据AI的反馈，拼多多可以及时了解市场走向和竞争环境，并在AI的协助下快速做出更为科学的应对之策，提升企业的适应能力和生存能力。

（3）优化供应链。借助AI，拼多多向供应链系统提供消费者的消费数据，优化供应链的结构，更好地服务消费者的个性化需求。

（4）提升商家的生存能力。拼多多注重爆款打造。爆款可以大大提升商家的业绩，对商家是好事。但爆款需求量大，会造成商家短期订单激增，如果商家的生产能力和交付能力跟不上，爆款则有可能会给商家造成极大的负面和损失。为了解决这方面的问题，拼多多借助AI，根据系统反应，帮商家找出问题，根据对方的实际供应链状况，优化平台的资源配置，让平台—商家—消费者需求之间趋于最优。

5.6.3　优质低价：打通全产业链，控制供应链成本

客观来说，在淘宝、天猫、京东、苏宁易购这些传统电商平台面前，作为电商行业"新兵"，拼多多在品牌、客户数据、物流仓储方面并无明显优势。如果拼多多想在竞争激烈的电商行业中活下来、活得滋润，除了将自身的社交优势发挥到极致，还需要拓宽其他方面的优势，才能与上述行业巨头抗衡。

1. 优质低价：缩短链路控制成本

很多消费者对拼多多的印象是，低价低质，对拼多多的产品质量存疑。

然而拼多多正在通过自身努力来改变消费者的固有印象。

拼多多之所以能在实施低价策略的情况下还能保证商品质量，是因为它在商品的生产端和消费端架起了一座桥，缩减了很多中间环节，这就大大降低了商品的流通成本，提升了货效。

如通常情况下，农特产品在到达消费者手中时，要经过商家、批发商、菜市场或超市等环节，中间涉及物流、运输、人工等成本，这无形中便提升了流通成本，让本来1元钱的东西消费者购买时要花5元钱甚至10元钱。而拼多多做的工作就是将上述的中间环节砍掉，通过嫁接生产端和消费端，让消费者少花很多钱购买到同品质的商品。

2. 渗透产业链上游

为了增强自身优势，品牌化是拼多多主打的一张牌。拼多多找到商品原产地，包装和扶持一批新品牌。

如拼多多在运营农特产品的过程中发现，平台上的很多农特产品品牌化程度很弱，影响力也十分有限。为了打造出一批"拼品牌"，拼多多利用自身营销优势，重点扶持了一批自有品牌，借此增强自身的品牌优势。比如拼多多重点纸巾品牌植护和可心柔，原本属于名不见经传的非品牌商品，但在拼多多的包装和扶持下，已经成为拼多多平台上具有一定知名度和影响力的纸巾品牌。

3. 与工厂亲密接触，砍掉中间环节

为了提升货效，进一步控制成本，保证商品质量，拼多多砍掉供应链的中间环节，直接对接生产厂家，用平台优势获得议价权，压低商品价格，并利用爆款策略让厂家即使在低价的情况下也能借助薄利多销的规模优势实现盈利。

如上文提到的纸巾品牌可心柔，在入驻拼多多之前长期是欧尚、大润发等大型连锁超市的代工厂。为了适应拼多多平台规则，可心柔专门生产了

2~3款纸巾产品专供拼多多平台。这些纸巾产品规格稍小于其他平台和商场，但价格更低。而为了控制生产成本，可心柔一方面在保证产品品质的情况下通过控制商品规格来降低成本，一方面则将生产线搬到了原料供应地，通过控制运输成本来降低生产成本。同时，可心柔建立了全自动化生产线，降低了人工成本。

借助爆款策略，可心柔在拼多多平台上线两年多，销量高达165万笔，高于其天猫旗舰店等平台的销量。

在拼多多平台，类似于可心柔这样的生产厂家并不少，而且未来这些生产厂家大有成为"拼工厂"的趋势。那么，为什么很多生产厂家愿意与拼多多深度合作？除了爆款策略，还有一个重要原因，那就是在企业转型升级大环境下，很多出口企业的海外订单大大减少，转为内销。为了拓宽渠道，保证长期销量，这些企业愿意接受薄利多销。而崛起的拼多多正好满足了这些企业的转型需求。

第6章 如何转型社交新零售：传统企业和传统电商快速转型路径

传统企业和传统电商如何转型社交新零售？在转型的过程中需要实施哪些战略、把握哪些环节，才能做好社交新零售？企业如何借助社交战略实现客户的增长裂变和业绩倍增？本章我们就来解决这些问题。

6.1 如日中天的新零售靠谱吗

现在各行各业都在谈新零售，新项目都在设法往新零售上靠。比如实体新零售、母婴新零售、咖啡新零售、珠宝新零售……

但如日中天的新零售真的靠谱吗？新零售对社会、对消费者、对中小企业和商家到底有没有价值？

6.1.1 新零售到底靠不靠谱

看新零售靠不靠谱，要看站在谁的角度。

站在国家的角度，新零售为中国的经济带来了翻天覆地的改变，提升了零售的效率，让消费者、企业、国家都收益，是一种多赢的模式。

站在消费者的角度，新零售提升了他们的即得性、体验性、便捷性，让他们花更少的钱买到更高品质、更具性价比的产品和服务，他们显然是受惠者。

站在巨头的角度，阿里巴巴、京东、小米等新零售概念的提出者和新零售领军企业，以及一些大型电商平台、社交电商平台，它们通过布局新零售，向线下要流量，让自己的企业突破了原有的瓶颈，获得了新生，不仅强化了原有的优势，还成为新跑道的领军者。它们显然是真正的赢家。

所以，对于上述角色而言，新零售无疑是靠谱的，因为他们是受益者。

但对于中国数量庞大的中小企业和商家而言，新零售未必靠谱。新零售是大资本玩的游戏，中小玩家玩不起。广大中小企业转型的迫切心态能理解，但转型过程中不能简单地模仿阿里巴巴、京东等巨头，因为它们在资金、流量、技术、人才等方面优势太明显，而广大中小玩家显然不具备这些优势。这也是有些国内的大型出版社分社领导不愿意出版新零售书籍的重要原因，他们认为新零售模式对中小企业帮助不大。

6.1.2 中小企业和商家转型的可行思路

那怎么办？难道就一动不动，或者完全放弃新零售这个跑道？那也未必。本节提供三种中小企业和商家转型的思路。

思路一：与巨头合作。中小企业和商家既然不具备巨头的实力，那么可以与巨头合作，站在巨人的肩膀上，发展自己的事业。大润发、欧尚等连锁零售企业之所以愿意被阿里巴巴、京东等巨头收购、入股，其实也是一种不得已而为之的妥协，当然也可以说是一种顺势而为。

第6章　如何转型社交新零售：传统企业和传统电商快速转型路径

思路二：借鉴新零售的优势。如果你玩不起这个游戏，又无法参与到游戏中，你还可以学习这个游戏的玩法，将它嫁接到自己的游戏中。新零售的优势是，提高零售的效率，让消费者获得更好的体验性、即得性、便捷性。中小企业和商家可以学习这些理念，加强社交互动，强化对消费者的服务，让自己的服务中多一点真诚和情感，提升消费者的体验性。这部分是中小企业和商家完全可以做到的。

思路三：转型社交新零售。无论是新零售，还是社交新零售，核心都是经营人，重视消费者的终身价值，通过优质的产品和增值服务积累忠诚的客户，提升其复购率和转介绍率。

只不过，社交新零售的优势更大，它经营的人分两类，一类是单纯的消费者；另一类是集消费者和经营者于一体的消费商。前者与新零售环境下的消费者不同之处在于，他们在消费的过程中，能享受更多融入社交元素的产品和服务，因此与企业和商家之间的情感联结更深、黏性更高，其对企业和商家的终身价值更大。

此外，社交新零售环境下的消费者还可以成为消费商，与企业和商家合作，借助自身的社交网络帮助企业和商家推广传播产品和服务。这无形中帮助企业和商家大大降低了信任成本、传播成本等运营成本。企业和商家在运营的过程中，只需要增加更多社交玩法，增强社群运营能力，经营好自己的消费者和消费商，将他们沉淀为自己的私域流量和私域电商，充分挖掘他们的终身价值。这是一笔极其宝贵的财富。

三种思路各有优势，具体选择哪种方案，要看企业和商家现在所处的阶段和面临的问题。但在社交时代，与更先进的商业模式做朋友，显然不会吃亏。

6.2 企业如何才能做好社交新零售

传统企业在转型社交新零售的过程中，既要有战略，也要有战术。战略让你知道前进的方向，战术则让你能快速实现目标。如果你只知道一味地低头拉车，而不知道抬头看路，你很可能会撞到南墙，弄的遍体鳞伤。

6.2.1 企业转型社交新零售的五步落地战略

面对市场频繁的变革与复杂的风口，面对社交新零售，新时期的企业和创业者们，究竟应该怎么去把握？

面对这个问题，要结合社交新零售的本质来找出答案。社交新零售是更高效率的零售，更低成本的运营。提高零售的效率，这方面可以借鉴阿里巴巴、京东、小米等新零售企业的做法，重构"人、货、场"，提升人效、货效、场效。

此外，社交新零售企业更应该侧重于降低运营成本。在前文提过，阿里巴巴、京东、小米等巨头在新零售方面的做法只能借鉴，不能完全照搬，因为很多中小企业并不具备它们的实力和优势。但通过开拓社交渠道、做好社交营销来降低运营的成本和风险，却是很多中小企业都可以学习和模仿的。

下面会阐述几大关键步骤，帮助你将社交新零售战略落地。

1. 加强社交品牌建设，让服务可以溢价增值

《流量池》的作者杨飞说过："品牌是最稳定的流量池。"这也暗示了品牌的价值及打造品牌的重要性。

品牌分为企业品牌和个人品牌。企业品牌的打造围绕三个"度"展开：知名度、美誉度、忠诚度。知名度解决认知问题，让消费者能记住品牌并把你和竞品区分开。美誉度是解决信任问题，让消费者能放心地优先选择你。

第6章　如何转型社交新零售：传统企业和传统电商快速转型路径

忠诚度解决的是客户的黏性，需要品牌在消费者心中能上升到文化或信仰层面，比如星巴克、苹果。

总体而言，打造品牌是个长期工程，需要时间、资源的投入，对于中小企业而言，难度不小。比如，央视广告等传统媒体广告费用都不低。

但打造品牌并非没有捷径，尤其在社交网络时代。杜蕾斯这样的品牌因为涉及"性"这一敏感话题，所以是不允许在电视台、平面媒体投放广告的，但杜蕾斯并没有就此放弃营销。社交媒体发展起来后，杜蕾斯借助微博、微信等社交媒体展开一系列社交营销，在社会上引起热议，成功吸引了众多目光的关注，大大提升了知名度、美誉度、忠诚度。而与央视广告等传统媒体的广告投入相比，杜蕾斯花在社交营销方面的成本极低，但效果丝毫不逊色于上述营销，甚至因为顺应了社交网络时代的消费者的口味，营销效果要好于传统媒体的营销效果。

而中国本土咖啡品牌连咖啡短短三年时间便异军突起，超过几大国外品牌，与星巴克、瑞幸咖啡一起，并列中国咖啡市场的前三名。连咖啡之所以发展迅猛，在于它善于使用社交营销。在发展之初，连咖啡便将自己定位为一个社交网络时代的社交品牌，因此它充分借助社交网络的力量来获客、裂变，并通过客户社交圈的口口相传，提升自己的知名度、美誉度、忠诚度。

因此，社交时代的中小企业，如果想打造品牌影响力，又想控制营销成本，可以借助互联网和社交网络的力，让品牌插上社交的翅膀，树立良好的社交口碑，占领细分领域内客户的心智，成功崛起。

与企业品牌相比，个人品牌或个人IP的打造相对更容易。品牌创始人要加强个人品牌意识，学会包装自己，多站在台前，提升自己的曝光度和影响力。我身边很多品牌创始人朋友，开始向马云、董明珠这些影响力很强的名人企业家学习，开启了自己的个人品牌打造战略。

除了品牌创始人，社交新零售从业者也要包装自己，打造自己的个人

IP。品牌创始人因为有钱有资源有团队，可以投入重金包装自己，短时间打响知名度、提升影响力。但普通从业者并没有那么多资金和资源，怎么打造个人IP？这要根据你自身的情况来定。

如果你擅长写作和文案，那你完全可以让文字成为你的营销武器，不断输出与你从事的工作相关的内容。比如我，在社交电商、新零售、社交新零售行业本来没有多少知名度和影响力，但我善于写作，于是便不断写作与行业相关的深度文章和书籍，让自己成为这方面的专家，并不需要花费多少成本便让我的IP有了一定的影响力。

如果你善于演讲，你可以找好定位，然后不断输出相关的视频，借助直播、短视频和5G时代的风口，让你被更多人关注。

总之，你要善于分析自己的长处，然后将自己的长处与所从事的工作结合在一起，借助适合你的社交媒介，打造你在行业内的影响力。当你在这方面有了一定的功力之后，你还可以借助已经成名的行业大咖的力，比如和他们一起共事、一起开会、合影，通过借势来提升自己的关注度和影响力。我身边很多大咖，本来在行业内寂寂无闻，正是通过上述方法，成功提升了自己的知名度和影响力，成了行业内的新锐大咖。

2. 拓展社交渠道

在新零售大环境下，全渠道零售已经成为现实和方向。企业在布局线上线下渠道时，可以结合自身优势。如传统企业的优势是线下门店，可以用好自己的门店优势，像星巴克那样再补足线上的板块，用互联网渠道武装原有渠道。当然，很多传统企业的门店重销售轻体验，在打通全渠道的过程中需要增强线下门店的体验性，这方面可以借鉴本书中孩子王的做法。

电商的优势是线上，在布局线下时可以学习传统企业的做法，也可以与传统企业合作，借助其线下门店的资源优势快速前进，减少摸索的时间，降低摸索的成本，毕竟这个时代时间才是最宝贵的。

第6章 如何转型社交新零售：传统企业和传统电商快速转型路径

此外，上述企业都需要布局社交渠道。社交渠道的核心在于，如何借助社交网络低价高效地获客、裂变客户，还有就是将社交网络发展为企业的合作伙伴（渠道商、消费商等），充分发挥社会化协作的作用，让社交网络在消费企业的产品时还能帮企业获客、服务客户。

3. 做好社交营销

全渠道零售对应的一个词是全渠道营销。社交新零售时代的全渠道营销意味着企业需要做好线上线下的营销，同时还要借助社交媒体等工具做好社交营销，为企业打造出一张天网（线上营销）、地网（线下营销）、人网（社交营销）三网合一的全渠道社交营销网络。

社交营销的核心在于要培养社交思维，洞察社交网络中网民的心理和需求，加强与粉丝的社交互动，促进粉丝的分享和传播，用更低的成本获取更多的社交流量。

4. 组建社交化团队

社交新零售企业要组建自己的团队。

随着传统大品牌纷纷进军社交新零售，社交新零售的竞争日趋激烈。为了提升抗风险水平，增强作战能力，社交新零售团队化是必然趋势。未来是团队协作的时代，一个再卓越的人，也干不过一群抱成一团的、拥有共同理想与利益诉求的普通人。

为什么把建设社交渠道和做好社交营销放在组建团队之前？是因为只有当明确了自己的目标之后，才能明白自己需要打造一个什么样的团队。

你的团队应当由什么样的人构成呢？可以优先选择那些信服你的人，其次才是有能力的人。为什么？因为能力可以在工作和过程中培养，而信任却很难在这种弱社交关系中建立。

传统企业家在组建自有团队和社交渠道时，需要培养团队思维，并做好团队服务。其措施如下：

（1）重视团队

在思维层面要意识到团队的重要性，这是培养团队思维的基础。

（2）明确团队的分工

如果企业只是面向C端，只想通过社交渠道获客和裂变客户，那么你可以按照传统大品牌的组织架构或者借鉴小米的团队架构来搭建企业的团队，重点要培养团队的社交营销和社交化服务的意识。

但如果企业想拓宽社交渠道，将消费者转化为渠道商或消费商，或者直接发展渠道商，则需要有好的操盘团队来执行。一个合格的社交新零售企业运营团队的核心组织架构主要包括：

- 总操盘手——项目总负责人。
- 营销中心——包括营销总监、自媒体运营团队、文案、美工设计等岗位。
- 招商中心——包括招商总监、招商经理、大客户经理、会务经理等岗位。
- 运营中心——包括运营总监、社群运营经理、培训讲师等岗位。

5. 加强社交化服务和体验建设

服务和体验环节是新零售和社交新零售建设的核心，目的是满足消费者的需求，提升其满意度和黏性。具体如何做好服务和体验建设，本书的服务章节、体验章节已详细阐述，这边再补充几点在加强服务和体验建设过程中企业需要做好的工作。

（1）打造服务团队

如果想提升服务的质量，要打造一支卓越的服务团队，通过系统化的服务为更多客户提供高质服务和价值。

社交新零售服务分为线上线下两方面。线上服务目前以微博、微信生态等社交平台为主。因此社交新零售团队要具备社群运营人员及素材号，前者更为重要。社群运营人员要服务好客户，对耐心、时间要求很高，需要匹配合适的人员。

线下服务的场所主要是工作室、体验店、运营中心。工作室以社交新零售从业者自己服务为主,体验店及运营中心则要安排专门的客服。

(2)做好服务培训

可以让服务做得好的渠道商为团队伙伴分享他们的服务心得,让更多伙伴取长补短,学习好的服务模式,提升自己的服务水平。也可以让一些渠道商将自己服务客户和团队过程中遇到的问题和疑惑在群中提出来,让团队伙伴一起出谋划策。渠道商将团队伙伴分享的服务干货记录并整理出来,作为自己团队服务的素材和教程,当有新的渠道商加入时,可以将这套已经不断完善优化的服务体系直接教给他们,让他们快速复制,提升服务营销效果。团队服务将迅速提升我们的服务水平。

(3)加强社交服务

社交元素是社交新零售的重要特质,企业在提供服务时也要融入更多社交玩法。

这方面小米体系化的社交服务策略值得借鉴。小米有成熟的服务团队,根据客户需求,为客户提供线上线下的服务,在服务过程中,融入了很多社交元素和玩法,大大提升了客户的体验性和满意度。

6.2.2 企业做好社交新零售的五大关键环节

社交新零售企业运营的内在逻辑是:客户拉新→客户激活→客户留存→客户转化→自传播。这里面的客户包括消费者及集消费者、经营者于一身的消费商或渠道商。企业要想做好社交新零售,需要在"广拉新、高活跃、高留存、强转化、广传播"这五大关键环节下功夫,进而全面提升运营效率。

具体执行时,企业可以采用AARRR模式这一低价高效的社交武器来实现低成本高效率获客拉新,该模式包括广泛获取客户、提高活跃度、提升留存率、社交变现、社交传播五大环节（图6-1）。其源自近年来的App运营增长模式，同样也可以用于企业的营销和运营的过程。

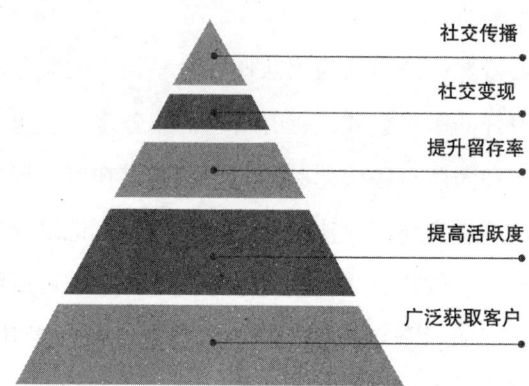

图6-1　AARRR模式：低价高效的社交武器

1. 广泛获取客户（acquisition）

企业建立品牌、实现从零到一、基业长青的第一步是获客拉新。这是AARRR模式的重要基础。

社交网络中，企业在售前环节抢占入口，建立有效客户接触点，广泛获客拉新，促进客户分享，充分运用社交关系网络，通过低成本获取社交流量。

这一步的核心是做好引流推广及售前服务。

（1）引流吸粉

社交流量是一个巨大的金矿，有待企业去充分挖掘。企业通过采用线上线下推广引流的措施，吸引目标人群的关注及积累，以待后期实现转化。

关于流量的获取，我的其他书籍中有详细阐述，这里不再赘述。此处仅分享目标人群的三大要素。

● 需求力：客户的需求是判断目标人群的第一要素。此外，客户的需求往往是相对的，随着时空角的变化，客户的需求点和需求度都会发生改变。现在不需要的东西，日后未必不需要。现在觉得贵的东西，换个地方未必觉

第6章　如何转型社交新零售：传统企业和传统电商快速转型路径

得贵。比如，寒冬时节，矿泉水的需求量大大降低，但到了夏天，矿泉水的需求量就会大幅提升。同样一瓶矿泉水，平时可能只能卖几元钱，但卖给沙漠中的旅行者，就可以卖出高价，因为稀缺和需求程度不一样。

- 购买力：购买力很好理解。只有客户拥有一定的购买能力，才会考虑购买产品。否则产品再好，对客户来说都可望而不可即。谁都喜欢好东西，如好房好车等，但并非所有人都能消费得起。如果对方的购买力不够，产品再好，他也买不起，很难达成成交。
- 决策力：很多人不缺需求力和购买力，但还是很难成交他。为什么？因为他缺乏决策力，财政大权不在他手中。这时候需要改变策略，必要时帮其说服家中具有决策权的那个人。

（2）合作共赢

传统零售是"人找货"，社交新零售是"货找人"，以人为中心，借助社交工具，通过消费者、渠道商的分享，实现流量的裂变。

企业与渠道商是一种双赢关系。

企业借助渠道商的自传播用极低的成本获客拉新，实现流量倍增。企业借助这种商业模式，降低了广告成本、运营成本以及创业风险。而企业将省下的成本的一部分让利给渠道商，激励他们分享产品，倍增业绩。而对渠道商来说，他们借助企业这个平台，通过社交工具，积累客户，裂变团队，组建渠道，降低了个人创业的风险，实现了自己的财富积累。

因此，企业转型社交新零售时，除了生产好的产品，还需要设计好商业模式，懂得合理分利给渠道商，快速打造自己的社交网络，组建新的社交渠道。

（3）做好售前服务

售前服务是从售前的角度考虑你是否已经准备好了客户未接触你的产品之前所应该开展的、一系列刺激客户购买欲望的服务工作。

售前服务的内容多种多样，主要包括提供信息、市场调查预测、产品定制、加工整理、提供咨询、提供多种方便和财务服务等。售前服务的主要目的是协助客户做好规划和需求分析，让产品能最大限度地满足客户的需求。

要想做好售前服务，需要通过互动交流、邀请体验来让目标服务群体真实感受到我们的优势，进而为售中变现顺利完成打好基础。

电商是基于客户购买需求才产生互动，社交新零售是基于互动激发客户的购买需求，两者销售模式差异很大。从事社交新零售，其实是在做人，只有做人成功了，才能拉近与客户之间的距离，建立足够的信任。沟通互动是拉近与客户距离的重要方法。

社交网络中除了一些比较熟悉的好友，还有一些相对陌生、互动较少的朋友。这些朋友相对于熟人关系的强关系来说属于弱关系。如果想将这种弱关系变成强关系，就需要借助适当的互动沟通。

社交新零售从业者与社交圈朋友之间目前主流的互动方式包括：一对一沟通、批发式互动。批发式互动主要包括社交圈互动、群发式互动、微信群互动，如图6-2所示。

图6-2 社交新零售从业者与社交圈好友之间的互动方式

2. 提高活跃度（activation）

传统企业的大部分新客户在成为企业的客户时，其实是比较被动的，而且其消费完离开不再光顾的可能性极大。这就要求企业在吸引客户时要想办法留住客户，并让他再次复购甚至转介绍。因此企业营销的重心不是客户初次消费的客单价，而是他后期的复购率及活跃度。

第6章 如何转型社交新零售：传统企业和传统电商快速转型路径

企业可以通过一些运营手段、有趣的营销方法，增加客户的消费频次，提高客户活跃度，进而提升初次客户转化为老客户的成功率。

3. 提升留存率（retention）

客户"来也匆匆，去也匆匆"，是当下大部分企业的心病。

费心吸引来的客户体验完产品或服务后却没有留下来，说明你的产品或服务质量并不能让客户满意，客户的体验感欠佳。如果客户发现市场上还有其他可以提供更好产品和服务的企业，他会义无反顾地投身到其怀抱中。而企业花费了巨大心血教育了客户，却被其他企业吸引走了，你相当于为其他企业"作了嫁衣"。

提升客户留存率的前提是客户的忠诚度。如何让客户成为忠诚的客户？

社交关系的建立及高质量的集线上、线下、社交玩法于一体的服务，可以提高客户的体验及黏性，进而提升客户留存率。因此，企业需要重视客户的服务。

但传统企业既做销售又做服务，成本较高，而且服务起来力不从心。

社交新零售行业的一大特点是，渠道商集消费者、合作伙伴、服务者角色于一身。大部分渠道商由消费者发展而来，知道客户的心理与需求；同时，渠道商又是服务者，因此他在向客户销售产品后，还需要维护好客户，做好售前、售中、售后服务，让客户对产品及服务质量满意，才能促进客户复购，提升其转介绍率，进而提升业绩。此外，渠道商不仅服务客户，还需要服务自己的团队伙伴，提升团队伙伴的黏性、忠诚度，培养并成就更多伙伴，这样才能裂变团队。

由此，企业的渠道商就帮助企业分担了大部分服务客户、渠道商的工作，提升企业的服务质量及效率，并大大降低企业的服务成本及运营成本。

4. 社交变现（revenue）

如何社交变现、实现盈利，是企业最为关心的问题。

上述三个步骤是企业盈利的基础。企业的客户达到一定规模、客户质量得到提升后，便可以实现盈利。其中客户的利润=客户生命周期价值-获客成本。因此，如果企业想实现客户利润最大化，需要降低获客成本，并充分挖掘客户的长期价值。

此外，社交新零售企业还可以将客户转化为消费商，快速获得现金流。这也是与传统企业相比，社交新零售极具魅力的一点。

具体操作时，售中环节，熟人社交产生强关系，兴趣社交衍生弱关系，但两者社交关系产生的信任背书、精准推荐、服务维护可以提升客户转化率。

（1）做好售中服务

售中服务是企业和商家在产品销售过程中直接或间接为客户提供的各项服务。接待服务是售中服务的核心内容。服务者在接待客户时，通过主动、热情、耐心周到的服务，把客户的潜在需求变为现实需求，达到产品销售的目的。可以说，在产品销售过程中，接待服务对销售成败具有决定性的作用。服务者服务质量的高低，直接关系品牌声誉的好坏，因此，企业和商家应规范接待服务。

优秀的售中服务将为客户提供享受，从而增强客户的购买决心，融洽而自然的销售服务还可以有效地消除客户与企业销售、市场和客户关怀人员之间的隔阂，在买卖双方之间形成一种相互信任的气氛。销售、市场和客户关怀人员的服务质量是决定客户是否购买的重要因素，因此对于售中服务来说，提高服务质量尤为重要。

（2）借助沟通的工具

君子性非异也，善假于物也。使用工具能提高效率，事半功倍。移动互联网时代，提升使用工具的能力对每个移动互联网创业者来说至关重要。

（3）为客户做好产品示范

单纯的产品介绍不会给客户留下深刻的印象，客户也不一定会相信你的一面之词，此时产品示范就显得非常有用和有效。把产品摆在客户面前，通过产品的介绍和渲染达到成功销售，好的销售离不开成功的线上线下的产品示范。

（4）提供极致服务

企业和商家如果想高效扩大事业版图，要想方设法在客户心中建立极好的口碑。口碑传播中，产品和服务的传播次数最多。对企业和商家来说，想获得极好的口碑，光有好的产品还不够，因为销售相同产品的肯定不止你一人，那客户为什么一定要购买你的产品？这时候你的服务质量就起到了至关重要的作用。如何让服务被认可并被客户疯传？要靠极致的服务。

如果说好产品是打造极好口碑和核心竞争力的第一步，那么极致的服务便是打造极好口碑和核心竞争力的第二步。

要做好极致服务，需要做好以下几点：

- 设身处地为客户着想；
- 用心为客户服务；
- 不仅做好售后服务，还要做好售前、售中服务。

（5）搞好促销

社交新零售从业者需要和人打交道，创业者要懂得人性、洞察人性，尤其要多学点消费心理学的知识。销售时，可以将赠送活动搭配一些促销策略，如超值赠送+限时限量、超值赠送+无忧承诺、超值赠送+免费体验+无忧承诺、超值赠送+限时限量+无忧承诺，这样活动效果会更好。

（6）客户无忧承诺

在电商平台购物时你会看到很多电商会向广大顾客做出无忧承诺这一服务承诺：正品保证、七天无理由退换货等。电商的这些无忧承诺让顾客能够放心购买产品，让其无后顾之忧。

社交新零售企业也可以借鉴一下电商这方面的成熟、完善的服务体系，对顾客进行无忧承诺，好让客户能够放心购买产品，提升客户购买率。创业者要敢于将风险转嫁给自己，对产品质量和效果、对客户负责。

我有一位卖面膜的朋友，以前每天平均只能卖出4盒面膜，当做出无忧承诺后，平均每天可以卖9盒面膜。无忧承诺的时间是一个月，产品每月平均的退货数量在20盒。我们来算下，如果不做无忧承诺，一个月只能卖出120盒面膜；当作了无忧承诺后，一个月可以卖270盒面膜。除去退货的，一个月可以卖出250盒面膜。我朋友的案例表明：当我们做出无忧承诺后，产品销售收益的提升幅度要远大于退换货造成的损失。

无忧承诺服务如果使用得当，将帮助你和团队伙伴创造业绩传奇。

5. 社交传播（refer）

社交传播是企业实现裂变营销的关键一步。一旦产品形成了自传播，借助老客户的传播，会带来大量新客户，新客户还会形成二次、三次以上的传播，带来更多客户，进而引起裂变。

而社交网络中，自传播的关键是口碑传播。

移动互联网时代，口碑为王。客户花钱购买产品，受口碑影响很大。此外，好的口碑和坏的口碑都会迅速传播，进而让更多人知道你的产品、你的品牌。如果你的口碑良好，那将吸引更多人消费你的产品、代理你的产品；如果你的口碑很差，那会让你的产品和你的品牌遭到唾弃。移动互联网时代，口碑就是最好的广告。

那么如何才能树立良好的口碑？

在了解社交口碑营销之前，先了解客户社交时传播口碑的3种主要驱动力。

其一，产品驱动。因为产品或服务非常优质，顾客使用后，会发出"包装真精致！""真好用！""质量真棒！""效果不错！""使用真方便！""体验感真好！"等方面的评价，进而顾客愿意自发地将其分享给身边的亲朋好友。这就需要社交新零售从业者在体验、模式、服务、性价比等方面下功夫。

第6章　如何转型社交新零售：传统企业和传统电商快速转型路径

其实人体服务、所有物服务等服务本身就是一种产品，需要精雕细琢。

其二，精神驱动。信息服务、精神服务等服务涉及的是客户的精神层面。

精神驱动不同于产品驱动，客户并不是本身的实际需求被解决，而是你为其分享的干货、故事打动了客户，激发了他的潜在需求。

其三，利益驱动。企业设计了针对产品或服务的推荐机制，只要顾客分享给身边的亲朋好友，便可以获得一定的利益，包括直接利益、间接利益。直接利益如返现、送券、优惠、送产品等，比如某些拼团类的产品或服务，三人拼团价格低于单买。间接利益如一些虚拟产品的使用，比如分享可以解锁某功能、享受更多功能、延长VIP使用时长等。

因此，为了实现口碑营销，企业可以为客户提供优质的产品和服务，创造3种驱动力中的一种或几种。

6.3　社交时代企业如何搭建私域流量池

私域流量这几年开始火起来，吴晓波的跨年演讲又给它添了把火。私域流量是相对公域流量而言，简言之，那些能够随时触达、直接沟通与管理的粉丝和客户便是私域流量。众多私域流量聚合在一起，便称为私域流量池。

社交时代，搭建私域流量池已经成为很多企业的共识和需求。在打造私域流量池的过程中，如何有效获取低成本的私域流量便成为很多企业需要解决的问题。在线上线下流量红利消退的时代，相对而言，社交流量仍然是一种低成本的流量，其价值仍然具有很大的挖掘空间。

6.3.1 做好全渠道营销实现精准传播和获客

在互联网和社交媒体还不是那么发达的时代，企业营销有两大特点：其一，以渠道为核心的规模化销售；其二，借助叫卖式广告进行规模化传播。然而，随着互联网尤其是社交媒体的发展，无论是线上还是线下，零售业态已出现变革。新消费环境下的消费者更看重产品的品质、口碑，以往的营销模式效果欠佳。这就意味着企业需要转变思路，升级营销模式。而在全渠道社交新零售的趋势下，全渠道精准营销将成为企业转型的一个优选方向。

全渠道精准营销要求企业先做好精准的产品定位，以大数据为支撑，以线上、线下、社交三大渠道为触手，借助社交媒体等新的信息工具，为消费者提供人性化的服务，以满足消费者的个性化需求。

1. 线上线下全渠道营销

百度系、阿里系、腾讯系、微博等线上渠道是网络营销的重要阵地，但在全渠道零售时代，单纯的线上营销显然不够，线下营销也发挥着重要作用。地推、沙龙、传单、地铁广告和公交广告等营销方式可以帮助企业从线下获取流量。

企业在开展线上线下营销时，总的原则是，发挥自有优势，加强弱势板块。比如，你的线下营销效果不错，你依然要发挥这方面的优势，但在开展工作时，可以借助互联网工具，提升营销效率，而且具体做的时候，要懂得方式方法。我曾经参与过某传统大品牌社交新零售项目南京某渠道商的地推活动，该渠道商地推时只要求顾客扫码关注微信公众号便赠送一瓶该品牌的新品。我当初觉得这种引流方法，一是成本高，二是引流效果并不好，一部分人领完饮料后会取关公众号，或者压根就不再关注你公众号的信息了，相当于死粉。我建议她让参与者加她微信，让他们成为她的私域流量。

2. 大数据助力精准营销

零售企业要想提升营销的效果，需要提升精准度，这时候可以借助大数据，让客户数据赋能企业营销。这也是新零售大环境下的总趋势。

企业通过CRM系统管理客户，梳理客户的基本资料、生活习惯、家庭状况、消费习惯等信息，将它变为一个大的数据库。借助这个数据库，企业便可以对客户开展一对一的精准营销，做好单客经济这门生意，充分挖掘客户的终身价值。

3. 借助社交网络精准传播和获客

在社交网络日渐成熟的当下，微博、微信生态、抖音、小红书等社交媒体能与客户更好地互动、沟通，能获得客户对企业的关注，并获取客户智慧，不仅帮助企业打造社交网络上的影响力，促进企业优质口碑的传播，还可以帮助企业研发出更符合市场需求的产品。

这方面，小米、星巴克等企业的做法值得借鉴。小米借助社交玩法起家，因此格外重视社交营销。小米手机、手环等产品之所以能成为爆品，离不开小米社交营销的功劳。

除了自有的小米论坛，小米目前还布局了微博、QQ空间、微信生态、抖音、小红书等主流社交媒体，形成了小米的社交媒体矩阵。小米借助这个社交媒体矩阵实现精准社交营销，用低成本玩法提升了小米在社交网络领域的影响力，并获得大量精准客户。

6.3.2 企业如何有效获取低成本的社交流量

移动互联网让人与人之间的社交变得更方便、更频繁。在人际交往中，信息的流动构成了源源不断的流量，对企业而言，这些社交流量价值大、成本低，是有待挖掘的巨大金矿。

如何获得这些价值连城的社交流量并实现企业客户的裂变？通过绑定并打通社交关系链。

1. 绑定社交关系链

腾讯之所以能在移动互联网时代稳坐社交网络巨头的位置，借助的不是工具应用的垄断，而是通过QQ、微信等社交平台，建立并绑定客户的社交关系链。既往的商业模式是，客户购买完产品或消费完服务后，离开企业或平台的成本几乎为零。但社交网络中，客户周边的社交关系网络几乎都在这个社交平台，一旦他离开这个社交网络，意味着他将放弃原有的社交圈。这就给客户放弃该平台或产品增加了极大的成本，因此客户不会轻易离开。

企业要想获取巨大的社交流量，需要绑定目标客户的社交关系链，并吸引同类客户加入，增加客户离开的成本。

2. 打通社交关系链

企业、产品要想让社交关系链成为其护城河，绑定客户关系链之后，还需要打通社交关系链。

打通社交关系链，需要做好如下几点。

（1）持续输出内容。通过优质的内容或产品，来刺激客户，让其转化为铁杆粉丝，并促进粉丝的分享、传播、转介绍，让客户成为企业社交裂变网络中的重要连接点。

（2）提供优质服务。光提供好的内容或产品还不够，企业要想提升客户的忠诚度，并促进其复购、分享、传播，还需要为其提供优质甚至超值的服务。

（3）设置福利刺激。企业要想打通社交关系链，促进社交流量的倍增和裂变，还需要设置符合人性的福利或诱饵，进而刺激客户分享和传播，实现流量的裂变。

移动互联网时代，企业要善于借助微博、微信、QQ、小红书、短视频等社交平台，通过输出优质的内容、服务，设置适宜的福利，建立并打通社交

第6章 如何转型社交新零售：传统企业和传统电商快速转型路径

关系链，驱动客户成为社交裂变网络中的重要连接点。当企业的流量达到一定量级、突破临界点时，流量的裂变效果就会凸显出来。

6.4 企业快速裂变私域流量与爆发式增长的方法论

社交时代，企业如何裂变私域流量、实现爆发式增长？

在找出方法之前，先介绍一个销售公式。线上线下的零售形态可以用销售公式表示为：销售额=流量×转化率×客单价×复购率。

流量，就是有多少消费者入店，线下通常称为人流、客流。

转化率，就是入店的消费者购买商品的人数。线下也称为成交率。

客单价，就是一个消费者一次购买了多少商品，花了多少钱。

复购率，就是消费者下次购物的概率。线下也将购物两次及以上的顾客称为老客户或回头客。

可以将零售行为想象为一个漏斗（图6-3），上面入口大，下面出口小。消费者从入口进，与京东、天猫、苏宁、云集、小米商城等电商平台的店铺（线上）和永辉超市、苏果超市、天猫小店、京东小店等商场（线下）接触，触发了触点，流进了漏斗内，成了"流量"。

图6-3 销售漏斗

进入销售漏斗内的消费者中，只有一定比例的人会购物，此时漏斗就开始收紧，称为"转化率"。而购物的消费者，购物的数量和金额存在差异，称为客单价。这时漏斗再次收紧。消费者购物完，出了这个场，整个零售行为完成。但部分消费者还会二次甚至多次购物，这便是"复购率"。

由上可知，流量×转化率×客单价×复购率的数值越大越好。无论是线上的电商，还是线下的商家，如果想提升销售额，得从销售公式出发，提升其中的一个或多个要素。

根据"销售额=流量×转化率×客单价×复购率"这个公式，便能找到裂变流量、倍增业绩的方法和方案，如图6-4所示。

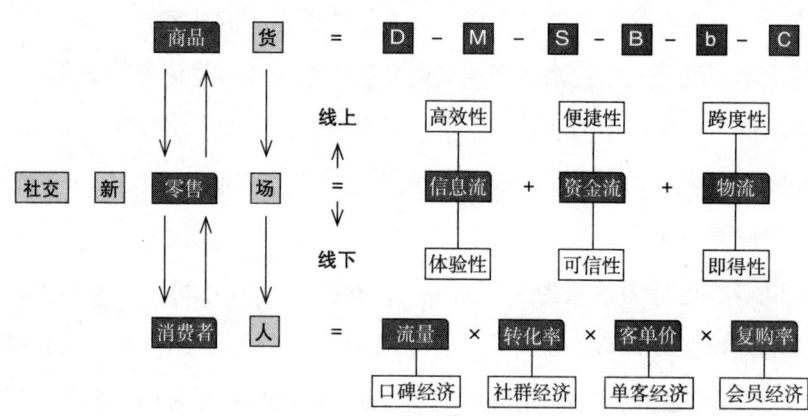

图6-4　企业实现流量裂变和业绩倍增的方法论

6.4.1　新流量：口碑经济

社交时代，借助基于社交的口碑传播，企业便可以实现低成本获客。借助口碑推广品牌、实现流量裂变的前提是，你的产品和服务要过关。如果你的产品和服务无法保证，负面的口碑会阻止新流量的流入，还会导致原有客户的流失。这就是口碑经济。

第6章　如何转型社交新零售：传统企业和传统电商快速转型路径

口碑经济发展已久，常说的口碑经济便是现在不断提到的匠人精神和匠心制作，即用心打磨你的产品和服务质量，用产品和服务打动你的消费者，让他们信任你的产品和服务，愿意无偿地分享传播，进而帮助你免费获取更多新客户。也就是老话说的"酒香不怕巷子深"。

让用户信任你的产品和服务，然后帮你传播，这只是口碑经济的一大核心。而且，这种传播方式相对低效且可控性较差。因为并不是每个客户都那么热心或爱分享，愿意将好的东西分享给朋友圈的人。那怎么办？

有些商家善于洞察人性，他们发现，借助人性来激发客户分享传播要比单纯靠客户自动传播要可靠的多，辐射的客户群体也更多。人性最大的特点之一是趋利性。于是有些企业和商家采用利益绑定策略，将广告费和渠道费让利给一部分喜欢、认可产品和服务的消费者，并让他们成为合作者（消费商），在自己的社交圈分享传播产品和服务。也就是说消费者将自己的社交关系货币化，帮企业推广产品和服务获取一定的收益。而企业只需要从原有的广告费和渠道费中拿出一部分让利给他们，便能获得比之前的营销方式更好的效果。对商家和消费者而言，这是一种双赢。

此后，有些企业和商家发现，借助某些KOL的影响力在他们的社交圈中分享传播产品和服务，效果更好。比如，现在的淘宝直播等直播平台，会让一些网红（如李佳琦）直播带货，出货量惊人。

现在也有商家认为，发挥KOC（关键意见顾客）在目标顾客中的影响力来获客、出货，性价比更高。一是KOC本身就是产品和服务的资深客户，很了解产品和服务；二是KOC更懂客户心理；三是KOC与客户社交互动时，就像闺蜜一样，距离很近，关系很亲，不像KOL那么有距离感。

但无论是KOL经济还是KOC经济，其本质都是这些人格化的大IP们、小IP们，将自己与粉丝之间的信任进行变现。事实上，只要企业和商家的产品和服务过得去，这种变现损耗极少，而且企业和商家如果再适当让利给被KOL、KOC吸引来的消费者，反过来还会强化KOL、KOC与粉丝之间的关系。这是一种多赢。

6.4.2 转化率：社群经济

社群之所以火爆，是因为其背后的经济效益。

口碑经济解决的是流量的获取，那么获取来的流量如何沉淀？借助社群。通过社群，可以将新流量沉淀到自己的私域流量池内。私域流量的好处是，这些流量属于你自己的，你可以反复免费使用。这里需要指出的是，微信群只是运营社群的载体和工具，本身并不是社群。社群的运营有其自身方法和原则，下文会专门阐述如何运营好社群。

社群除了可以沉淀客流量，还有一个好处，那就是提升客户转化率。一是社群中的KOL、KOC本身已经在社群成员中有了一定的影响力，他们可以将这部分影响力变现，促进社群成员的转化；二是社群触达客户的效果更好，运营者可以在群里发布产品活动通知，也可以通过微信私信、短信、电话的方式将信息传达给客户。

6.4.3 客单价：单客经济

单客经济是指充分挖掘客户的终身价值，重"质"大于重"量"。即使你只有1000个客户，但你把这1000个客户维护好了，也能获得不错的收益。那么，如何挖掘客户终身价值？通过提升产品和服务质量，而且后者的重要性日渐突出，因为新消费环境下服务可以产生服务溢价。

母婴童品牌孩子王是单客经济的代表性企业。孩子王主要通过提升服务质量，让客户满意，来深挖客户的终身价值，而且孩子王的服务会产生溢价，这无形中又可以提升客单价。销售额＝流量×转化率×客单价×复购率，客单价高了，其他参数不变，销售额也会提升。而事实上，客单价和复购率相辅相成，通过服务挖掘客户终身价值，往往也可以带来客户复购率的提升。这就会进一步提高销售额。

6.4.4 复购率：会员经济

提升复购率有一个法宝，那就是会员经济。这也是Costco、云集、小米等企业的战略方向。

其实，会员经济并不陌生。你去理发店、美容院、健身房消费，店员往往会引导你办理会员卡，成为会员之后，你不仅可以享受到更多的服务优惠，还可以获得更多的权益。

但在移动互联网时代，会员经济存在的一个问题是，线上线下会员不能通用，享受的权益也不一样。这就让客户在消费时非常不便。随着全渠道零售的发展，越来越多的企业和商家开始重视线上线下渠道的互通，其中线上线下会员互通也成为他们重点要解决的问题。屈臣氏在这方面的做法值得借鉴。

屈臣氏是中国目前最大的保健及美容产品零售连锁店，在中国438个城市拥有超过3200家门店和超过6400万会员。

在过去，屈臣氏的客户每次办理会员卡时，都需要填写个人姓名、出生年月、联系方式等信息，手续烦琐。为了提升会员的体验质量，屈臣氏与微信合作，现在客户办理会员卡时，只需要办理一次，而且很多信息微信会帮忙填写，大大方便了客户。

借助微信公众号等微信工具，屈臣氏可以更方便地激活客户、管理客户，并能将产品优惠活动、促销活动等活动信息有效送达客户，同时还能与客户展开互动，为其提供咨询服务。这些举措大大提升了屈臣氏会员的体验。

为了让线上线下会员实现互通，屈臣氏还通过会员权益通用和精细划分，对会员进行精细化运营。

其一，会员互通。屈臣氏的会员，无论是在线上商城还是在线下门店，都能享受同样的权益和服务。这就吸引了大量新客户成为会员，同时也激发了老会员的积极性，促进线下会员向线上沉淀，而线上会员也更愿意到线下门店消费。由此，屈臣氏实现了全渠道零售。

其二，提升服务效率。通过将线上线下会员数据整合和共享，屈臣氏提升了服务会员的效率和能力，这也为客户的沉淀和长期维护奠定了良好的基础。这导致的一个更直接的结果是，屈臣氏提升了其商业价值和市场估值。

其三，会员分级。屈臣氏会根据会员的消费金额、消费频次、参与活动的活跃度来划分会员的等级，不同等级的会员享受不同的权益，等级越高，享受的权益和服务越多。这样做，一是可以促进低级别会员通过加大消费来升级；二是屈臣氏也可以将更多的精力放在高级别会员身上，提升核心会员的体验性和黏性，提高总业绩。

其四，了解需求。屈臣氏还会定期与会员深入交互，了解不同等级的会员的精确需求，并对不同等级的会员权益进行适当的调整，让权益与会员需求更为契合，以最大限度地满足不同等级会员的个性化需求，提升其体验性和忠诚度。

正是通过上述措施，屈臣氏实现了线上线下会员的互通，增强了会员的体验性，提升了他们的忠诚度，进而提高了复购率。

第7章 社交新零售迅速落地方案：社交新零售企业爆发式增长攻略

社交新零售要想落地，企业在开拓社交渠道的基础上，要学会裂变私域流量。而运用好社交玩法和社交策略，将帮助企业高效低价地获取客户、裂变客户、留住客户。

7.1 社交传播：社交时代企业低成本营销的武器

口碑经济时代，企业通过好的产品和服务树立良好的口碑，再借助客户的社交网络传播出去。

小米联合创始人黎万强总结出口碑传播的"口碑铁三角"：产品是发动机；客户关系是关系链；而社交媒体则是加速器。这就是说，企业如果想加快好口碑的传播，要善用社交媒体。

7.1.1 如何利用社交媒体扩大影响力

不同时代的媒体，其特质和影响消费者的方式是不一样的。传统媒体权威性较强，但互动性弱，消费者基本是被动接受其传播的信息。而去中心化大环境下的社交媒体，权威势弱，客户的互动性和参与性增强。企业可以借助社交媒体的这种特性，加强与客户的社交互动，不断将影响力渗透进客户的内心。

口腔护理品牌百草味和舒客借助社交媒体的影响力在吃货节上成功策划了一场让粉丝参与的活动。

其一，百草味和舒客分别让其代言人杨洋和吴亦凡在微博上发布了"让牙齿动起来"的话题。很快，借助这两位顶级流量明星的影响力，该微博话题阅读量超过了1500万次，吸引了大量粉丝前来助阵。这场活动为百草味和舒客即将开展的地推活动和电商活动提前宣传造势。

其二，百草味和舒客让微博上诸多KOL在自己的社交媒体上发布微博图文、微信图文、视频等内容，参与到这些话题的讨论中，为这两个品牌即将举行的活动摇旗呐喊。这些KOL在各自领域有着自己的粉丝，他们的支持，让本次活动吸引了大量消费者。

其三，为了让本次活动更有趣有料，百草味和舒客还专门推出了一款有趣的H5游戏，加强与消费者之间的互动。这些趣味性的活动吸引了大量消费者参与，将本次活动推向了高潮。

虽然对很多中小企业来说，邀请顶级流量明星为企业活动站台成本太高，有点不现实，但上述百草味和舒客的活动仍然值得普通企业借鉴。企业在运用社交媒体的时候，要清楚社交媒体及其客户的特性，根据这些特性制订针对性的活动方案，加强与客户的社交活动，发挥他们的社交网络作用，提升社交营销的效果。

7.1.2 小米：如何借助社交媒体崛起

粉丝经济的火爆让众多企业开始重视社交媒体的运营，因为后者是社交时代积累粉丝的核心武器。而作为粉丝经济的践行者和受益者，小米对社交媒体自然更重视，其玩法值得想通过社交媒体裂变客户和渠道的企业借鉴。

目前小米主流的社交媒体包括小米社区论坛、微博、QQ空间、微信生态、抖音、小红书。

1. 小米社区论坛：沉淀老客户

随着移动互联网和各大社交平台的发展，很多人认为论坛没有影响力了，开始唱衰论坛。但事实上，在社交时，垂直论坛依然拥有独特的生命力和影响力，很难被其他社交工具完全取代。比如，我的母校南京大学的小百合BBS，每天依然会聚集众多活跃的南大学子。

小米社区论坛是手机领域的垂直论坛，在小米的社交矩阵中仍然有着举足轻重的作用。有一组数据可以很好地说明这一点。在世界著名的网站统计机构Alexa发布的排名中，小米社区排名5612位，其中小米论坛贡献了80%的流量。在中国手机论坛中，小米论坛活跃度最高。

小米给社区论坛的定位是客户俱乐部，是老客户的家，主要用来沉淀老客户，吸引、聚合更多米粉，获取他们的创意和反馈，并据此改进、优化自己的产品，提升其性价比。可以说，小米论坛最大的特点是让客户有参与感，并且重视客户的参与及意见，发挥网友的社会化协作作用。这就大大提升了小米客户的积极性和黏性。

2. 微博：小米社交媒体运营的主战场

作为小米社交媒体运营的主战场，微博除了帮小米吸粉，还起着发布小米信息、传播小米品牌、打造小米影响力的作用。

运营微博，激发客户的参与感是个技术活。小米是如何做微博运营的？

通过内容和活动来创造话题，激发客户参与。

在最初运营时，小米便总结了微博运营的3条经验和原则：①把微博当成网站运营；②把微博话题当成网站频道运营；③不刷屏。

其一，把微博当成网站运营。为了做好这点，小米加大微博运营团队的投入，匹配合适的产品经理、主编、编辑、设计师以及软件工程师用于微博的运营。

其二，把微博话题当成网站频道运营。小米的每个长期话题都会配备专人运营，并不断总结话题运营经验，优化话题运营的方法。

比如，"小米手机随机拍"这个话题，号召客户拍下生活中精彩的瞬间并发布到微博上。根据观察，小米发现客户午饭前后发布最合适，因为此时客户出门吃饭，光线也不错，拍照时机和效果都很合适。而"米言米语"这类鸡汤类的话题，在深夜发布更适合网友的阅读习惯。

其三，不刷屏。为了不打扰客户，保持微博口碑，小米规定，除了大型发布会直播，小米的每个微博账号每日微博发布数不超过10条。

截至2019年1月，小米手机官方微博粉丝数为897万，小米公司微博粉丝数为396万，而小米创始人雷军和黎万强的粉丝分别为2034万和545万。现在，雷军每天都会发布至少一条微博，内容基本都和小米有关。

3. QQ空间：米粉的聚集地

微博、微信出现之后，QQ空间便被很多企业和创业者忽略了。然而，QQ空间在年轻人中却仍然拥有强大的影响力。

QQ空间的客户群体以25岁以下的年轻人为主，他们喜欢上传照片，其中用手机拍摄的照片近70%，而这部分照片中，安卓手机拍摄的照片中，小米排名第一。

小米运营QQ空间时总结出三个经验。

其一，QQ空间和微博在产品形态方面很像，转发分享传播的性能很好，很适于事件营销。但两者的客户群体有很大差异，微博客户整体年龄大于QQ

空间的客户，觉得自己是意见领袖，喜欢发表观点。而QQ空间的客户年轻化，更喜欢用点赞等方式来表达自己"知道了"或"认可你"。因此，小米的微博内容以好玩有趣为主，引导粉丝转发。而QQ空间的内容则以高价值的内容为主，引导粉丝点赞。

其二，与微博的客户相比，QQ空间的客户更喜欢点击信息中的链接，小米通过这种方式为小米官网引流了很多粉丝。小米的做法值得那些想做好电子商务的企业借鉴。

其三，小米的QQ空间具有定制功能，客户在QQ空间可以享受到很多只有小米官网才有的功能。

截至本书定稿时，小米QQ空间的粉丝量已达1900万，QQ空间管理员每天会更新"说说"，每条"说说"能获得几千几万次转发。而据Alexa的统计数据，小米官网通过QQ空间额外获得了5%的流量。

4. 微信生态：以服务为主

因为具备出色的CRM，微信生态更适合做服务，而非营销。

目前，小米公司、小米手机、小米商城、小米有品、小米之家等都分别开通了微信公众号。甚至雷军也有自己的公众号，而且文章大多为原创。

小米通过微信公众号、小程序等微信生态家族成员与客户深度交互，为他们提供更好的服务。

小米公众号的粉丝，60%是由小米官网引流来的，30%是借助微信自有活动推广引流来的，10%是与外部合作获取的。正是因为小米微信生态中绝大部分粉丝是小米自有粉丝，这部分私域流量活跃度很高。

经过长期运营，小米发现，大型活动能带来粉丝的爆发式增长，但形式雷同的活动就会导致涨粉效率下降。因此，现在很多企业经常通过抽奖奖励引流的粉丝是有限的，需要运营者不断创新，设计更多好玩的活动，加上适当的资源投入，才能提升涨粉效率。

5. 抖音、小红书：雷军也爱炫

小米在抖音、小红书等社交平台都开通了官方账号，在这两大网红社交平台上小米会定期发布小米新品、活动、明星代言人宣传小米产品的视频等内容。小米抖音、小红书账号的主要差异在于，前者以小米相关的视频素材为主，后者则是图文+视频。

此外，这些平台还有一个趋势，那就是加强了小米创始人雷军的曝光度，可见雷军也加强了经营个人IP的意识。

随着5G时代的到来，短视频平台还会有巨大的爆发空间，小米会加强这方面的布局。

6. 小米社交媒体策略背后的秘密

小米借助社交媒体，与客户深度交互，不断挖掘客户的持久价值，取得了很好的成绩。但其实早在小米实施社交媒体战略之前，社交媒体决策层便已定下了小米社交媒体运营的原则。

对小米来说，小米运营社交媒体，是在做自媒体，而不是做广告。做自媒体，自然要先做好内容。传统媒体时代，媒介渠道的重要性毋庸置疑，企业要做营销，需要主动找媒介，通过广告来"轰炸"客户。但现在，是媒介来找你，其中内容是关键。

而要做好内容，做服务要先于做营销。这很好理解，客户愿意长期关注你，是因为你提供的服务和内容对他有价值，而不是因为你的红包。这也是小米站在客户角度得出的结论。而小米的统计数据也印证了这一点。小米公众号的推送内容中，与产品和服务相关度越高的内容打开率越高，其中新品发布相关的推送内容阅读率是一般活动的5倍，高达60%。

要达到上述效果，自然对内容的经营要求很高。运营内容的人要很懂客户，并且用心对待客户，才能保证运营的效果。小米通过以下一些方法来提高内容的输出质量。

第 7 章　社交新零售迅速落地方案：社交新零售企业爆发式增长攻略

其一，从粉丝中招人才。小米社交媒体运营团队中，很多伙伴是从粉丝中招聘过来的。粉丝做社交媒体运营，一是认可小米；二是懂小米产品；三是懂客户心理，这样输出的内容更符合客户的口吻。

其二，小米在用心经营客户。对小米来说，每个客户都是自媒体，小米会发动他们来产生优质内容，并通过社交网络分享传播出去。小米之所以采用这种策略，是因为移动互联网时代传播形式和获取方法已发生改变，媒介的权利被重新分配了。门户网站时代，内容完全由编辑采编；博客时代，内容由客户参与采编，但仍然由编辑推荐；而微博、微信等社交媒介时代，客户有了更多的话语权，参与性和主导性越来越高，这就要求企业尊重客户的话语权，引导客户产生内容，发挥客户私人社交网络的巨大作用。

因为注重社交媒体的运营，小米省下来大量广告费用，同时通过自有的社交媒体矩阵，拉近了与客户的距离。

7.2　社交获客：如何借助社交营销精准高效获客

当获客成本不断攀升时，如何低成本获取精准客户成为广大企业最为关心的问题。建立在社交网络和社交媒体不断发展、日益成熟基础上的社交营销引起了很多企业的关注，因为它可以帮助企业低成本获客、高效率裂变客户。

7.2.1　用社交营销霸屏大量吸客

借助社交营销，企业可以吸引大量关注量，从中吸引企业的目标客户。

1. 全网霸屏

线上营销方法除了百度系、腾讯系、阿里系，博客、微博、短视频、直播等其他营销方法也有很大市场。利用这些网络平台对品牌、团队、个人进行全网霸屏式的宣传、营销，将帮助企业、团队、个人快速建立信任度、打造知名度，实现快速引流。从广义上来说，全网霸屏包括互联网营销、移动互联网营销，前者以百度霸屏为代表，后者则以微信营销等移动互联网营销为代表。

以代表传统互联网的百度系为例。百度霸屏在社交新零售行业比较火。借助它，粉丝在百度搜索你的名字或代理品牌时，会搜到很多和你及团队相关的信息。这些信息中有你的创业故事、出席某些重要活动的媒体报道、事业机会。其中你的创业故事就是你为网友提供的精神服务，而媒体报道、事业机会则是你的信息服务。当然，很多时候，精神服务和信息服务往往会混合在一起，界限不太明显。百度霸屏比较适合企业，或者有团队、打算创建团队的伙伴。

而移动互联网时代，微信成为社交霸主，其与搜狗合作，布局移动互联网时代的搜索引擎。你搜索搜狗的微信板块，可以搜索到微信公众号、微信公众号文章，而这些在百度是搜索不到的。当你搜索微信时，除了可以搜索微信朋友圈、公众号、小程序等，点击搜索还可以获得搜狗的网页信息。微信通过与搜狗合作，为其移动互联网时代的搜索引擎霸主地位迈进了一大步。

2. 微信生态

朋友圈、公众号、小程序是社交新零售企业的三大社交阵地。通过朋友圈企业可以和消费者进行沟通、互动，为他们提供知识和服务，也可以通过微商城（如微信公众号、小程序等）为他们提供最新的资讯、最新的产品知识、事业机会等有用的信息。

微信公众号是企业为消费者提供价值的一个很好媒介。微信公众号有订阅号和服务号两种，可以搭配着使用。我个人使用较多的是订阅号。

你可以为消费者提供一些产品知识。比如，你是从事大健康产业的，你可以经常发一些健康养生的知识;你是销售大美妆产品的,你可以发一些美容护肤的干货。你在用微信公众号为消费者提供价值的同时还能沉淀粉丝,这其实是一笔无形的宝贵财富。

总之,你要知道你服务对象的需求。

3. 自媒体号提供超值干货

微信公众号的优势是在手机移动端,在PC端影响力不大。但即使到了移动互联网时代,依然会有很多人喜欢上电脑搜索资料和信息。所以也要考虑将自媒体的影响力拓宽到PC端。

有了微信公众号后,企业可以申请同名的百家号、搜狐号等自媒体号。企业在微信公众号发布的内容可以同步到这些自媒体号,既能为更多人提供价值,又能顺便引流。

4. 社交网站让你脱颖而出

很多社交网站也是很好的吸粉区域。考虑社交新零售从业者中女性占了极高的比例,创业者可以经常去一些女性经常上的社交网站分享一些干货。

社交网站引流的核心点是,你要知道你的目标人群经常出没的社交网站,你要知道她们的刚需。所以你要经常去宝妈、家庭主妇、大学生经常去的社交网站,对宝妈,你要和她多谈孩子;对家庭主妇,你要和她谈事业机会,谈事业独立对女性的重要性;对大学生,你要和她多谈创业。总之,找对地方,找准需求点,你想引流吸粉很容易,而且都是精准粉,转化率很高。

比如,你对育儿很有经验,你可以去宝妈群体(女性社交新零售从业者中人数众多的一个群体)经常上的社交网站,在其中你可以分享你的育儿经验,会大受欢迎。一段时间之后你自然成了很多宝妈心中的专家和意见领袖。这时候你再将你的粉丝转化为顾客或合作伙伴就变得很简单了。

我有个创业者朋友,对育儿很有心得,她在宝宝树这种宝妈聚集的区域分享自己的育儿心得,比如孩子感冒了该怎么办,用什么药,孩子的饮食要注意什么。正是通过分享亲身体验,她成了育儿专家,很快就吸引了大量宝妈加她,向她请教育儿经验。当她从事社交新零售时,这些宝妈中很多人成了她的顾客或合作伙伴,转化率很高,因为前期已经建立了足够多的信任。

宝妈常去的社交网站有:

(1)妈妈帮。妈妈帮是一个为妈妈群体服务的社区,是提供备孕、怀孕、育儿和亲子活动的移动母婴生活的分享平台,提供众多场景式的经验,让妈妈们通过交流、匹配、筛选,找到可以解决自身问题的答案。就目前来看,它可以说是最受欢迎的育婴网站之一。

(2)宝宝树。宝宝树是目前关注度很高的育婴网站,通过为父母提供高质量、多类型的线上和线下服务,让宝妈宝爸在这里进行有价值的经验分享,得到愉快的和有意义的育儿和成长体验,同时满足多层次、多方面的育儿需求。

(3)妈妈网。妈妈网是专业的中国妈妈门户网站,以交流和传播婴幼儿养育、分享育儿心得和家庭生活体会为主要目的。目前汇聚了中国数十万妈妈朋友,是一个提供胎教音乐、婴儿幼教、儿童健康、儿童歌曲的论坛,孕妇、宝妈也可以在其中分享备孕、怀孕、育儿的经验。

(4)太平洋亲子网。太平洋亲子网是太平洋网络旗下的门户网站,它针对母婴市场,以0~6岁幼儿及其家庭为主要传播对象,提供各种备孕、孕期、育儿的相关知识。

5. 地推营销

地推营销是企业获客的常用方式,阿里铁军刚开始创业时便是借助地推起步的。地推过程中除了注意社交互动的方式,还需要注意以下一些细节。

(1)地点方面:地推引流要选择在人流量比较密集的场所,如大型商场、大型活动的现场、校园、住宅小区、商业中心、公园等。

(2)时间方面:地推引流一般选择在节假日,如圣诞节平安夜、元旦节、春节、五一、国庆、周末,因为节假日人流量比较大。也可以选择在京东"618"、淘宝"双11"等约定俗成的电商购物节,此时有很多实体商家会同步在线下搞活动。

此外,不同的地点,地推时间有一定的差异。

(1)商场:周末的中午或者晚上,逛商场的人比较多。

(2)校园:幼儿园和小学,周一到周五的11:00—13:00、下午放学这段时间,很多家长(以宝妈为主)会接孩子。大学,一般选择接近中午、傍晚时,此时学生下课,人流量很大。上述时间段你可以在大学生必经的地方扫码,也可以到大学附近的快递点地推,此时取快递的学生很多。

(3)公园:周末的上午或中午,很多家长会带着孩子出来玩。

(4)门店:在门店里,可以通过送礼物扫码引流。在门店外,也可以引流,但不能用扫码送礼物这种简单的方式,而是要增加免费领取礼物的难度,因为门店外的人流不是很精准。如可以使用转发送礼物,让对方转发朋友圈的第一条信息,这样既让对方加你为好友,又通过分享实现了粉丝的裂变。转发送礼物引流的方式也适用于门店的引流。前提是礼物必须有足够的吸引力。

有时候为了增加粉丝的精准性,可以将地推的场所定位得更精准一点。你的目标人群在哪里,你就把地推的场所定位在目标人群常去的地方。如你的目标群体是宝妈,你可以将地推场所选择在母婴店附近或亲子类游乐场附近。

6. 软文营销

即使在5G时代、视频时代,文字类的内容依然具有很强的生命力。绵里藏针、春风化雨的软文作为文字类内容的一种,在营销领域具有其特定的地位,企业、团队、个人借助软文,可以树立品牌、产品、个人的形象,打造企业品牌、产品品牌和个人品牌。借助销售信,则可以帮助企业、个人引流吸粉,获客拉新,裂变代理,倍增渠道。

在用全网品牌打造方案帮助品牌创始人、团队长、创业者宣传推广时，我喜欢写作故事性文章和软文，用故事营销的方式讲述品牌创始人、团队长、创业者艰辛创业的故事，他们的愿景、使命、价值观，他们帮助多少人通过轻创业改变了人生，他们为这个社会做了多少公益事件。借助故事，树立他们的形象，通过故事打动潜在客户、渠道商的心，实现引流吸粉、裂变流量，实现不销而销。

软文拥有持久的生命力，而故事性软文则拥有打动人心的力量，它深挖超级个体的内心，将一个有情有义、有血有肉、有担当有责任心、极富魅力的人物树立起来，触达读者的心灵深处，让他被故事的主角所感动，为他吸引，甘愿追随他。这就是故事性软文的威力所在。

7.2.2 跟杜蕾斯学习玩转社交营销的秘诀

传统营销是基于媒体的传播，而社交营销是基于人的传播。因此，开展社交媒体营销，需要与客户建立关系。那么，如何与客户建立关系并吸引他的关注？

在解答这个问题之前，先要弄清楚客户关注某个社交媒体的主要动机。动机有五个方面。

其一，获得有价值的内容。客户希望从你这里可以获得有价值的内容，这些内容可以是知识，也可以是有趣的东西。

其二，获得好处。比如关注可以拿到红包、纪念品等。

其三，获得谈资。关注你这个账号，可以经常收到品牌的信息，这样他在朋友圈就可以拿出来作为谈资。当然，前提是客户要认可你，以与你建立关系为荣。

其四，获得权力。通过社交媒体，客户可以参与到企业的建设中，为企

第7章　社交新零售迅速落地方案：社交新零售企业爆发式增长攻略

业出谋划策、贡献智慧。比如小米的粉丝通过小米论坛、微博等社交媒体可以为小米提出建议、献策献计，当他们的建议被重视和采用后，他们的参与感会得到满足，积极性会被激发。

其五，社交互动。与品牌、大V进行互动也是很多客户关注你的重要动机。比如小米的粉丝通过小米官方微博、微信生态、QQ空间等社交媒体可以与小米进行良好的互动，这就已经让他们满足了。

了解了客户关注你、配合你的主要动机之后，再来看看全球知名的两性健康品牌杜蕾斯，它之所以能借助社交营销产生广泛的社会影响，便是洞察了上述客户的社交心理。

总体而言，杜蕾斯在社交营销方面的一些玩法值得想做好社交营销的企业借鉴。

秘诀一：抢占新闻，唯快不破

"快"是互联网时代社交媒体工作者的基本素养。我做新媒体时，某天社交电商行业出现了一个社会热点，但事件发生时是晚上，因此我们部门就没有及时发布这个热点。结果第二天发现本公司的某个自媒体伙伴当天晚上就发布了这个热点，并获得了很高的转发量和阅读量。于是部门领导便开会"批"我们新媒体组的负责人，说他没有抓热点的意识和付出，运营社交媒体和一般工作不同，要愿意花时间和心血，得能及时把握热点，第一时间整理好并发布出来。

杜蕾斯社交营销的"快"在行业内可是出了名的，每次有大的热点出来，它便会及时抓住，并用杜蕾斯式的文案蹭热点，通过微博、微信转发，社会反响强烈。

秘诀二：借势热点，借力使力

当热点出现时，将品牌与热点交融，创造出相关的营销内容，可以获得很好的社交传播和社交影响力。

2011年6月，北京下大雨，杜蕾斯社交营销团队想出一个创意，将杜蕾斯套在鞋子上，避免鞋子弄脏。结果套着杜蕾斯的鞋子在雨水中行路的照片发布到微博上，半小时后转发过万，一小时后便占据了转发排行榜榜首的位置，成功吸引了大量社会关注。

而娃哈哈也是善于借势的高手。2018年，沈腾主演的喜剧电影《西虹市首富》火爆公映期间，娃哈哈将电影中的脂肪险变成现实，并专门邀请影片中的金先生张晨光代言。借助电影的势头，该活动在微博等社交媒体上引起了网友的广泛关注，为娃哈哈的社交新零售项目成功造势。

借助热点的势头，企业的社交媒体可以轻松获得巨大的势能，实现良好的营销效果。

秘诀三：客户自创内容，草船借箭

运营社交媒体，企业除了善于输出优质内容，还要能激发客户生产内容，让客户参与到企业的营销中，借助客户的社交网络传播企业。

《功夫熊猫》热映时，有个杜蕾斯的粉丝将杜蕾斯套在电影主角阿宝的身上，创造出一种独特风格的阿宝形象，引起了转发和热议，帮助杜蕾斯实现了自传播。

秘诀四：中为洋用，洋为中用

将富有中国特色的东西，拿到国外包装一下，再转到国内，这也是制造话题度的一种好方法。

比如，你可以请一些国外友人创造一些内容，在其中适当植入你的品牌或产品，然后在脸谱、推特这样的国外媒体发布后，再截图或转发到国内的微博、微信上，便能吸引大量眼球，产生很好的话题效果。

秘诀五：社交互动，嬉笑怒骂

社交媒体要塑造成"人格化"的形象，与其他社交媒体互动，借助其他的社交圈来扩大自己的影响力。

第7章　社交新零售迅速落地方案：社交新零售企业爆发式增长攻略

在互动的过程中，可以制造话题，产生"化学反应"，博得眼球，引发热议和转发。这期间如果对方没有及时回应，你可以私信对方，让它参与到你的互动中，一起将话题炒热，放大营销效果。

秘诀六：持续输出，不断积累

杜蕾斯基于微博、微信等社交媒体的社交营销被人津津乐道，并非靠运气，而是长期积累的结果。在进行社交营销之前，杜蕾斯便开始做好了相关准备，制订了一系列计划，然后按部就班输出符合社交时代客户口味的内容。正是有了长期的积累，才有了杜蕾斯的借势爆发。

此外，在外人看来，杜蕾斯就是个懂生活情趣的段子手老司机，但杜蕾斯这个老司机在社交营销时也是有自己的原则的，有所为有所不为。比如，蹭热点时，杜蕾斯并非什么热点都蹭。如三里屯优衣库事件、王宝强离婚事件，它便没有跟这些社会热点，避免这些可能会产生争议的话题对品牌产生负面的影响，影响品牌的美誉度和客户对品牌的忠诚度。

7.3　客户裂变：如何用1个客户引来5个新客户

如何最低成本、最大限度地增长裂变，这是企业极为关注的事。传统营销存在的主要问题是：成本高（创意成本、媒体投放成本）、转化效果的不确定性。而社交化时代，裂变营销具有低成本、高裂变等优点，获得了众多商家的青睐。

与传统营销相比，裂变营销之所以能实现客户流量的倍增，是因为其具有两大特色。

其一，强调分享。借助粉丝、客户的社交分享，带来新客户，并实现裂变增长，降低了其营销成本，且能实现客户的自增长。

随着微博、微信、抖音等社交媒介的出现及社交分享技术的革新、发展，社交分享的难度及成本大大降低，此时企业要想通过客户的社交分享，实现低成本获客，其福利设计、营销创意成了营销的关键点。

其二，后付奖励。传统营销，企业需要事先支付一笔广告费用，但广告效果无法得到保证，存在很大的不确定性。而裂变营销将这笔广告费用用于老客户的拉新奖励、新客户的注册奖励，且这些费用都是在客户完成推荐、注册后才会奖励给对方，这就大大降低了企业的营销风险，提升了转化率。

7.3.1 企业成功社交裂变私域流量的三大环节

企业要想借助社交玩法提升裂变营销的效果，需要做好三大环节。

1. 种子客户的选择

裂变营销是"以老带新"，通过老客户的分享带来新的客户。因此种子客户的选择至关重要。企业在选择种子客户时，需要重点考虑以下几点。

（1）客户活跃度高、影响力大。活跃度高，他将产品及品牌推荐给好友的意愿就很高。影响力大，他能影响的新客户群体就更广泛，且分享效果更佳。

（2）客户要精准。种子客户的消费习惯、消费品类要与产品的调性相符。如减肥类产品，你找瘦子做推荐，效果要远逊于胖子客户的分享。

（3）重视质量。选择种子客户时，质量的重要性要高于数量。100个高质量的种子客户，裂变营销的效果要远高于1000个质量一般的客户。

（4）获得反馈。在种子客户分享完之后，企业要复盘整个活动过程，并征求种子客户的意见，从中找到营销方案的不足点，对其进行迭代优化，以提升种子客户的参与感及营销的效果。

2. 裂变诱饵的投放

裂变诱饵并不仅限于企业的福利补贴，产品调性及创意内容、趣味玩法等满足消费者精神层面需求的内容也属于裂变诱饵，而且有时候能引起客户情感共鸣的精神属性的裂变诱饵会起到更大的裂变效果。企业投放裂变诱饵时，需要重视以下几点。

（1）培养客户的习惯。企业可以将广告预算中的一部分用于奖励客户，以培养他们领取福利、分享福利的习惯。这部分主要是针对品牌的初创期及新客户，品牌需要借此获客拉新，积累客户。

（2）创意营销。品牌中期，老客户已经养成了领取福利及分享的习惯，此时企业只需要通过一些创意性的行为，让客户下意识地点击领取福利。这些创意行为中，营销性文章及文章标题起着重要作用，文章标题要有亮点、吸引人，吸引客户阅读，文末要引导客户点击"阅读原文"并领取福利。

3. 满足分享者的精神需求

"马斯洛人类需求五层次理论"指出，随着物质、生活水平的提升，人类精神层面的需求会增加。

美国学者戴维斯（K.Davis）还曾就美国不同发展阶段的人们的实际需求状况做过调查研究，结果如表7-1所示。

表7-1　1935年、1995年美国人各层次需求所占比例情况

需求种类	1935年（%）	1995年（%）
生理需求	35	5
安全需求	45	15
感情需求	10	24
尊重需求	7	30
自我实现的需求	3	26

从表中可以看出，随着美国经济的发展，美国民众精神层面的需求占比提高。戴维斯的研究结果验证了"马斯洛人类需求五层次理论"。与美国类似，随着中国经济的发展、居民生活水平的提升，国人消费产品时精神层面的需求也在不断增加。消费者希望你的产品更有趣、有料、有温度、引发共鸣，这样才能激发他分享、传播，引起裂变。

具体而言，客户愿意分享内容，主要是因为内容满足了其以下几方面的精神需求。

（1）提升个人形象

你的内容可以为客户在社交圈中的形象加分，他分享完之后，觉得有面子，让好友觉得他时尚、高大上、爱学习、爱运动、能坚持、充满了正能量，总之一句话，就是他很优秀。这些将让他获得精神层面的极大满足。

（2）提供社交谈资

社交网络时代，客户与周边人交流，需要有共同的话题作为谈资。如果企业的内容可以为客户提供社交谈资，他会自发的关注、转发。

中小企业可以在细分领域用个性化的产品及服务服务好目标人群，虽然这些客户量有限，但因为足够精准、高质，他们觉得产品符合他们的调性、能彰显其个性和主张，这部分人群会以此为荣，并在社交时聚集谈论你的产品、品牌，有助于其在该圈子中传播、裂变。而且，随着中国的发展，小众品牌及产品的市场价值越来越高。

（3）引起情感共鸣

你的产品能引起消费者的情感共鸣，让他忍不住分享传播，继而引起更多同类人群的共鸣及传播。

如《前任攻略3》这部电影票房之所以远高于前两部，是因为这部电影中关于"前任""有些人走着走着就散了""感情无疾而终"等情感元素引起了大量曾经因为这些因素而与前任彻底分手的人群的强烈共鸣，让他们疯狂传播这部电影。因此，建议企业在设计产品及进行软文营销时，企业的产品、软文要融入更多情感元素，通过走心的故事、打动人心的细节引发消费者的共鸣，进而实现低成本的传播和流量翻倍。

7.3.2 企业快速裂变私域流量的七种社交玩法

下面介绍的这些裂变流量的方法，其核心都是社交分享，这也是社交网络高度发展的当下低成本获客、高效率裂变的基础。

1. 社交裂变玩法一：拉新奖励

流量裂变的精髓在于以老带新，即用老客户带来新客户。而趣味吸引、价值共鸣、赠送福利都是实现流量裂变的常用手段。

拉新奖励是其中见效最快的方式。即老客户为企业带来新客户，企业会奖励双方。该种方式能为企业带来持久的转化。

2. 社交裂变玩法二：裂变红包

客户在消费后，会收到企业奖励的红包，客户可以将红包分享给多个好友，引起裂变。

裂变红包，既可以让客户获得实惠，又可以给新客户带来福利，同时又宣传了产品和品牌，是一种多赢模式。美团、饿了么、滴滴等很多App都采用过这种方式来裂变。

裂变红包的"游戏规则"是能否实现企业客户裂变的关键，其中目标人群画像、客户消费习惯、企业预期目标是该玩法的重要影响因素，企业要根据这些要素来设置合理的"游戏规则"。

裂变红包主要的玩法有以下内容。

（1）注册可得。新客户下载、注册可得福利。如微信读书的新注册客户可以免费体验无限读书卡，全场书籍免费读。

（2）分享可得。客户将App分享给好友后，可以获得相应的奖励。如你将电子书分享到朋友圈或微信群，微信读书会奖励你几天无限读书卡。

（3）集卡可得。客户集齐几张卡后将获得奖励。如支付宝春节集齐五福平分大奖。

二级返利。客户分享给好友，好友购买时享受一定的优惠，客户也能获得一定的返利。这种模式符合人性，见效快，也是现在很多商家常用的。

3. 社交裂变玩法三：扫码有惊喜

随着新零售的发展，线下渠道被更多企业重视。线下裂变也是企业实现获客拉新的重要裂变手段。

无论是线上裂变，还是线下裂变，其实现裂变的精髓都是借助利益、趣味、价值等人性最为关注的东西，让客户获益，并传播产品、品牌，实现客户的增长和裂变。此外，线下要想实现客户的裂变，需要借助O2O模式，通过"鱼饵"将线下粉丝引流到线上，再借助社交营销，实现裂变。与现在流行的线下体验、线上转化核心思想一致。

先分享"扫码有惊喜"这种线下裂变的方法。

在产品包装上设置二维码，标注"扫码有惊喜"等字样，消费者按照企业要求做出相应动作后，会获得奖励，进而激发消费者扫码关注微信公众号等企业媒体，引流到线上后再进行转化，如图7-1所示。

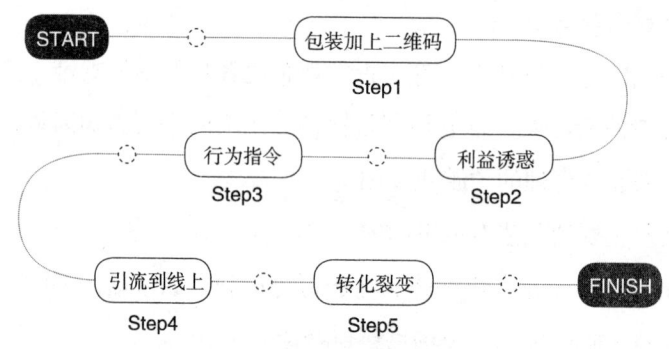

图7-1 扫码有惊喜的社交裂变玩法

这种方法适合包括地推在内的各种线下场景。

4. 社交裂变玩法四：社交立减金

所谓"社交立减金"，就是客户借助社交工具将链接分享给社交圈好友后，购物时可以获得一定的现金减免。因为需要达到一定的参与人数之后，客户才能获得社交立减金，这就促使客户在社交圈做分享，无形中帮助扩大了平台的影响力。

5. 社交裂变玩法五：社交礼品券

就是客户可以将礼品券作为礼物分享给自己的社交好友。而好友获得礼品券后，下次购物时可以获得优惠。

这方面星巴克与微信平台合作推出的"星巴克用星说"小程序影响很大。客户可以将星巴克小程序上的礼品卡分享给好友，好友下次来星巴克消费时凭借礼品券可以获得优惠。

社交礼品券的亮点在于，将购物券变成了礼品券。这样做，一是可以让客户向社交圈好友表达自己的心意；二是收到礼品券的人可以感受到来自赠送者的心意；三是平台借助这种社交分享能够迅速传播。可谓是一举多得。

6. 社交裂变玩法六：产品包装裂变

客户使用产品时，最先接触的是外包装，因此企业如果想实现客户裂变，需要用好包装这一客户的直接接触点及传播途径，在设计产品包装时，将利益、趣味、温度等元素融入进去，最终实现广泛传播及流量裂变。

案例：味全每日C换新装

过去味全每日C的包装不断强调品质，对中老年消费者而言，这一招有点用，但对年青一代，尤其90后、00后，味全每日C的做法并不能打动他们，甚至让他们觉得品牌有点"老"了，因为他们更加追求时尚、个性、温度、趣味。

经过反思，2016年，味全每日C对自己的产品包装进行了重新设计，将更多有趣、有料、有温度、可治愈的年轻元素融合进了包装中。这一招开始见效。据味全每日C的官方数据统计，2016年，该品牌月销售额同比增长40%，2016年7月至10月，其市场占有率在中国纯果汁品类中排名第一。

原来，很多客户非常喜欢味全每日C的新包装，尤其"拼字瓶"系列（图7-2），让很多年轻客户爱不释手，有些客户会到超市购买一整套"拼字瓶"系列的产品，将其摆成一排，拍照发布到社交圈中。这种行为甚至成了一种时尚潮流。更多客户受此感染，加入了摆拍一族。

图7-2 味全每日C的"拼字瓶"包装

（图片来源：https://news.21food.cn/14/2773771.html）

由此，味全每日C只是通过将产品包装设计得更为有趣、有温度，更符合年青一代的消费理念，便用低成本实现了客户的自传播，进而实现流量的裂变。

7. 社交裂变玩法七：拼团裂变

拼多多是拼团裂变的典型代表，其通过拼团模式创造的流量和业绩成就让业界称奇。图7-3是拼多多的拼团流程。

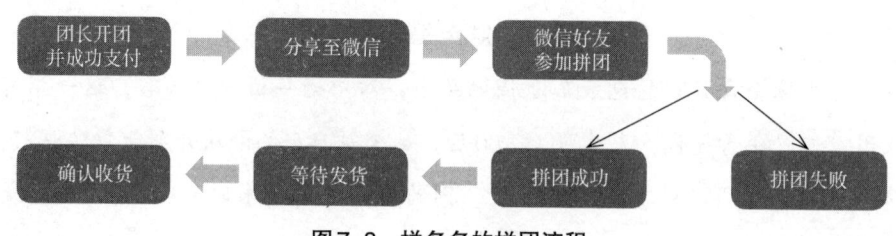

图7-3 拼多多的拼团流程

第7章 社交新零售迅速落地方案：社交新零售企业爆发式增长攻略

现在很多企业开始使用拼团模式来裂变客户，激发新客户下载App并注册。如2019年6月初，滴滴打车就和总部在南京的母婴品牌孩子王合作，凡是孩子王的客户邀请4名好友拼团成功，可以1元购得8元打车券。我身边很多宝妈朋友是孩子王的客户，在微信群和朋友圈积极转发该拼团链接。

拼团裂变其实是在遵循人性的基础上，通过技术和模式激发客户主动分享，让好友和自己都能获得购物的优惠，实现互惠共赢。分销模式下，客户分享产品时可能会产生好友觉得自己赚他钱的担忧，影响其分销的积极性。但拼团时客户通过分享，他与好友都可以获得优惠，这种双赢模式让他没有心理负担，因此只要商品品质有保障，他便乐于分享。

7.4 社交留存：如何用社交策略让客户不愿离开

社交留存的关键是，企业和商家开展一系列社交战略，充分利用社交账号与客户社交互动，通过社交账号加强客户对企业和商家的IP认知与认同，让客户不愿意离开。当然，在此过程中，可以采取一定的社交策略，黏住客户。

7.4.1 遵循人性，建立留人机制

要想留住客户，需要洞察人性，知道客户的消费心理和内心所想，在此基础上制定一系列遵循客户习性的机制。

1. 制定签到奖励机制

签到奖励几乎是所有社交平台都采用的机制，尤其是设定积分奖励机制的平台。签到模式具备如下一些特点。

（1）主动记录。通过签到记录客户网络位置。

（2）荣誉激励。签到和奖励挂钩。

（3）同步分享。签到模式带有分享功能。

（4）后续内容。签到作为其他步骤的前置步骤。

签到模式简单、好用，因此很多App平台（如党员线上学习的宝地——学习强国）都设有这一功能。考虑微信生态（含公众号、小程序等）是现在很多企业都会使用的社交平台，因此，企业在运营自己的微信生态等社交账号时，也可以将签到模式与奖励机制融入其中。

但线上这种签到模式有一定的局限性，让客户养成长期签到的习惯难度较大，因此在采用签到模式时，企业和商家可以在签到模式中融入更多社交元素和游戏元素，增加签到的趣味性和竞争性。

比如，微信朋友圈曾流行比拼走路步数。很多微友为了让自己的排名靠前，会想方设法多走一些步数。其实这是平台利用微友好强的心理设置的签到模式。

企业和商家在设置签到模式时，可以充分利用客户的心理来设置游戏的玩法，让你的签到模式更受客户欢迎，让客户更愿意在朋友圈传播推荐。

2. 推行积分奖励机制

积分等奖励机制之所以奏效，是因为客户的趋利性本能。奖励机制主要有如下几大因素。

（1）诱导因素。根据奖励资源设立奖励形式。

（2）行为因素。一人获奖，身边人做出相同行为。

（3）特定因素。根据具体情况来设定特定奖励。

（4）反向因素。未达成目标，将遭到相反的刺激。

奖励的形式多样，但目前积分奖励在社交平台比较流行，互动和留客效果也较好，而且更容易培养出老客户。

以麦当劳为例。客户在进入麦当劳的社交平台"i麦当劳"小程序后，便

第7章 社交新零售迅速落地方案：社交新零售企业爆发式增长攻略

可直接看到"积分商城"等界面（图7-4），积分商城有很多优惠券，而且客户还有机会免费兑换礼品。正是通过这种玩法和诱饵设定，麦当劳吸引了很多新客户，并让老客户养成了使用积分的习惯。

图7-4　麦当劳的积分奖励机制
（图片来源：麦当劳微信小程序）

当然，除了上述做法，企业和商家在制定积分奖励机制时，还可以有意识地增加客户与线下门店接触的机会。如在麦当劳的微信平台，客户兑换完优惠券后，需要到线下门店使用。这时候平台会提示客户附近的一些门店和具体交通方式。通过这种做法，可以增强线上平台和线下门店的人气。

3. 建立任务奖励模式

现在很多社交平台会采用任务奖励模式来提升客户的活跃度和留存率。

所谓任务奖励模式，是指平台让客户完成一定的任务，如转发、分享、评论等，便可以获得一定的奖励。

比如电商平台京东，客户在确认收货后，对商品做出评价之后，可以获得一定的京豆，这些京豆可以兑换平台的某些商品。

4. 提供分级服务

云集等会员电商这几年比较火，而会员电商的背后是会员分级和分级服务。不同级别的会员享受到的服务是有差异的，级别越高，享受的服务越多、越优质。

支付宝的芝麻信用积分其实也是分级服务。目前芝麻信用积分分五个等级：①信用极好：700~950；②信用优秀：650~700；③信用良好：600~650；④信用中等：550~600；⑤信用较差：350~550。不同的积分享受不同的分级，客户能享受的服务也存在很大差别。我处于"信用极好"级别，因此可以享受很多额外服务。比如我使用共享充电宝、阿里巴巴旗下的共享单车时免押金等。

分级服务是社交时代很多企业和商家服务客户常用的方式，只是在具体实施时，要借助新科技，融入更多社交玩法、游戏玩法，这样的分级服务更有趣、更吸引人。

5. 不定期赠送福利

贪好处是人性，对消费者也是如此。企业和商家可以不定期地赠送一些福利，这些福利可以是企业的一些商品和服务，也可以是异业联盟中其他商家的产品和服务。通过这些福利，可以吸引那些为了获得福利的新客户关注企业线上平台，或者养成老客户定期关注平台的习惯。

在赠送福利的过程中，可以融入一些社交玩法。比如，客户发到朋友圈或微信群中，或者满足多少人点赞、多少人组团之后才能获得福利。一是这些方法可以促进客户与社交圈好友的社交互动；二是客户借助自有的社交圈帮助企业和商家做了宣传推广。

7.4.2 借助社交化内容增强黏性

阿里巴巴总裁张勇曾说："电商已经从运营货品走向运营内容，再以内容

第7章 社交新零售迅速落地方案：社交新零售企业爆发式增长攻略

为纽带触达人群，获得消费者，最后转化为会员。"

企业和商家借助社交账号留住客户时，要突出内容的输出和运营，这也是目前一个极为突出的趋势，而社交内容电商的崛起便是这一趋势的表现形式之一。

运营内容时，要做好内容的采集创造、呈现管理、效果评估、扩散传播等环节的工作。当然，内容的运营需要一定的时间和耐心，需要运营者不断优化和完善。具体而言，运营者需要做好以下几方面的工作（图7-5）。

图7-5 做好社交内容的运营

1. 做好内容定位

内容运营的初始阶段，你需要处理好以下几个问题：种子客户的来源，实际内容的准备，关键路径的梳理。内容的关键环节包括三方面：内容从哪里来？内容到哪里去？内容的关键方向是什么？

2. 确定营销的渠道

企业运营内容，需要先确定运营的渠道，然后再决定内容的表现形式是文字、图片、视频还是混合体。

如果你的内容营销渠道以微信生态为主，那么适合用文字、图文展示内容。小红书以图文为主。而抖音、快手这类的短视频平台则适合输出视频。随着5G时代的到来，短视频和直播会持续火爆，因此增强短视频和直播的布局很有必要。

当然，企业可以根据自身的优势和特色来选择最适合自己的内容营销渠道。

3. 提供优质内容

输出优质内容是社交营销的一个重要环节，借助优质内容，企业可以积累品牌的影响力和客户认知度。

具体而言，运营者可以通过话题问答整合、刊物方式整合、客户内容整合等方式来生成优质内容。

4. 进行社交互动

社交互动是社交新零售企业需要加强的方面。通过与客户的积极互动，企业和商家可以增强客户的信任度和支持度。在社交互动时，企业和商家可以做好以下几点。

（1）特点运作。运营者根据自身的特点、目标客户的特征进行有针对性的互动。

（2）定期发布。定期定时发布内容，培养客户的使用习惯。

（3）信息互动。与客户的互动要及时。比如客户在平台留言，运营者要及时处理，让客户尽快看到反馈，这样才会更有积极性进行互动。

（4）自主创新。尽量原创内容。在这方面，罗辑思维和刘润等自媒体值得借鉴。

7.5 社交化社群运营：更符合社交新零售的场景体验

星巴克CEO霍华德·舒尔茨曾说："当你身边是一群追求同一个目标的热血人士时，一切皆有可能。"

社群是一个提供了同行群体和支持系统的环境，社群个体之间互相学习、鼓励和分享新信息。马斯洛需求层次理论指出，人类对于社交的需求仅次于生理、安全。换言之，只要个体能活下来，就渴求从人与人之间的连接关系中找到归属感。关系必然要经过媒介才能连接，所以可以说媒介是人的延伸，媒介在进化，关系的连接方式也一直在变。社群也是关系连接下的产物，从古至今一直都有社群，只是在不同的时代也称为书院、会所、俱乐部、圈子、部落、社区……

对企业和商家而言，在转型社交新零售的过程中，要重视社群的运营。在社交新零售场景中，线上线下的社交化社群运营更能满足消费者的链接需求和精神体验。

7.5.1 社交化社群必备的五大要素

一个好的社交化社群具备"ISOOC"5大要素：同好、结构、运营、输出、复制（图7-6）。

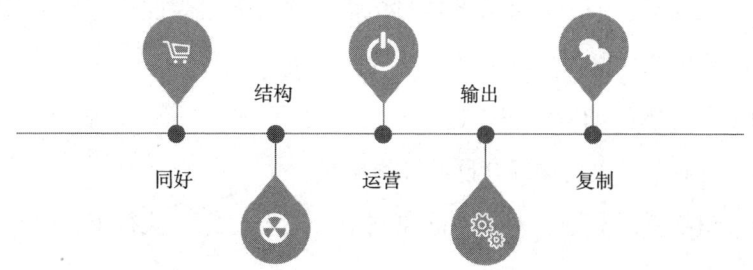

图7-6 社交化社群必备的五大元素

1. 同好：社群成立的前提

社群构成的第一要素——同好（Interest）是社群成立的前提。

所谓"同好"，是对某种事物的共同认可或行为。一群人聚集起来可能是乌合之众，也可能成就一番雄图霸业，关键是和什么人在一起做什么。任何事物没有价值就没有存在的必要，社群同样如此。

社群必须先有明确的同好。什么叫有明确的同好？就是组织社群的人、加入社群的人一开始就很明白自己即将进入的社群是做什么的，这样的社群才更有吸引力人，更能迅速吸引同类加入。这个同好，可以是共同的兴趣爱好，也可以是社群创始人的价值观、个人魅力、内容输出能力。

2. 结构：决定社群的存活

社群构成的第二要素——结构（Structure），它决定了社群的存活。

社群结构包括：组成成员、社交互动的平台、加入原则、管理规范。

社群结构规划的越好，社群活得越久。很多社群之所以很快走向沉寂，是因为最初并没有有效规划社群的结构。

3. 运营：决定社群的寿命

构成社群的第三要素——运营（Operate），它是核心，决定了社群的寿命。

好的社群运营要建立"四感"，这样的社群方能有规范、有质量、有凝聚力、有生命力。

（1）仪式感。如加入社群要通过申请、入群要接受群规、行为要接受奖惩等，以此保证社群的规范。

（2）参与感。如有组织地进行互动、讨论、分享等，让群成员有话说、有事做、有收获，以此保证社群的社交质量。

（3）组织感。如通过对某主题事物的分工、协作、执行等，以此保证社群的战斗力。

（4）归属感。如通过线上线下的互助、活动等，以此保证社群的凝聚力。

关于社群运营的具体步骤，如图7-7所示。

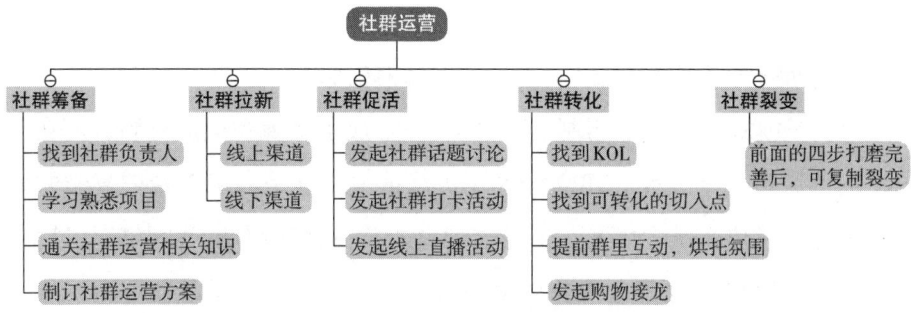

图7-7 社群运营的五部曲

4. 输出：决定社群的价值

社群构成的第四要素——输出（Output），它决定了社群的价值。

而社群的生命力取决于它能否持续输出有价值的内容。

所有的社群在成立之初都有一定的活跃度，但若不能持续提供价值，群活跃度慢慢地下降，大多沦为广告群。没有足够价值的社群迟早会成为"鸡肋"，群主和群员就会选择解散群或者退群。

好的社群要能为群成员持续提供价值输出，让成员觉得他有留下来的必要，这样才可以避免上述情况的发生。

与其他社群相比，社交时代的社群，对内容输出能力要求增高。

这方面，罗振宇创办的罗辑思维及得到做得不错。甚至，某种程度上，后来得到能很快号令四方、聚集一批对优质知识充满渴求的客户，也是因为罗振宇自身的内容输出能力。而年糕妈妈、凯叔等社交内容电商的崛起，也是因为创始人能持续输出优质的内容。

可以说，持续输出内容的能力对社交新零售企业和从业者都日渐重要。

5. 复制：决定社群的规模

社群构成的第五要素——复制（Copy），它决定了社群的规模。

社群复制主要有3类模式，具体选择哪类模式来扩大社群的规模，需要群主根据自己社群的定位、目标来定。

第一类模式是"俱乐部制"。社群一开始就约定了起止日期和主要服务内容，到期续费可以继续加入，类似线下的俱乐部。

第二类模式是"加盟店制"。社群一旦形成了口碑和玩法机制，就在全国不同的城市成立分舵，建立分社，快速扩大。这是很多人希望复制的模式，因为可以快速做大规模。但是这种模式存在的问题是，社群扩张过快，难以培养出合格的运营人才并复制好的社群文化，很难保证社群运营的质量，也无法为群成员带来好的体验。

第三类模式是"旗舰店制"。这种模式不追求扩大社群成员的规模，而是找到一批精准的种子成员后，长期连接，不断为群员提供其需要的新产品和新服务，促进群员的消费和复购。

7.5.2 社交化社群运营及服务的方法

建立社群不难，如何运营和维护社群，让社群保持热度，才是社群运营的核心。下面将为你分享，我们团队是如何运营和维护社群，令社群热度持续不退的。

1. 社群分类

为了提升社群运营的效率及效果，需要对社群主题及功能进行分类。目前我们的微社群分为3类：

第一类，学员群。该类群长期维护，用于学员人事管理和日常信息通知。

第二类，勾搭交友群。该群用于群友交流、资源共享。在群里可以随意发大图、链接、视频、语音。为了保持群活跃度，会定期筛选群友。

第三类，课程群。该群一期一建，下次开课前即解散，用于给学员授课，其他时间禁言。

2. 群名称

群名称是微社群的名片,让群友一目了然,看了就知道本社群是做什么的。

为了最大限度地展示群名称,群名称要简洁明了,字符数要控制好,一是便于传播;二是为了让群友很容易理解群主旨。经过反复尝试,我们发现连标点符号在内,群名称保持在11个字符内最佳,这样在手机上可以完全展示出来。

3. 设计具有仪式感的群欢迎仪式

仪式感是一个微社群长期存在、提升群质量的重要方式,让社群成员形成固定的仪式化行为,提升群友黏性、参与度,强化社群组织之间的关系。

为了让社群活动仪式化,我们社群采用了以下一些措施。

(1)仪式固定化

社群每次活动采用固定的形式,明确学号、欢迎语、群规、个人介绍、社群活动时间等。

每个加入我们社群的成员,都有专属学号,入群后我们都会举行集体欢迎仪式,增强社群的温度及归属感。

此外,我们社群还专门设置了一个"个人介绍"模块,方便社群成员快速熟悉彼此,加强群友交流。

"个人介绍"模块:

最好的销售不是从产品开始,而是从销售自己开始!

进群后,请写一份关于自己的个人介绍发布在群里,以方便大家更好地认识你。

自我介绍主要包括以下内容:

① 你是谁?

② 你来自哪里?

③ 你目前正在做什么,或者经营什么产品?

④你参加过哪些付费社群？

⑤你拥有的资源/技能可以为他人创造什么样的价值？

⑥你目前的经营中遇到了哪些困惑？

⑦你报名参加老师的销售型文案培训班要达成的具体目标是什么？请至少写出5个。

一份自我介绍就是与众多志同道合者携手前行、智慧创富的开始，愿你边走边赚！

"个人介绍"模块发布在群公告中，但每次有新人入群时，社群助手会同步给新人。

（2）设计明确的触发点

设计社群的触发点是为了培养群友的习惯，提升其对社群的期待和关注。

这个触发点可以是时间，也可以是事件。如社群中每次开课前老学员可以申请免费复训，这就是触发点。通过这个触发点，现在社群成员已经形成了条件反射，每次开课前，老学员就会想到填写复训申请。

（3）提升社群成员参与度

为了让社群成员更有参与感，我们社群不仅定期安排群成员分享，还会让群成员一起做一些事。比如群成员完成课后作业后要发布到群里，请老师指导，并让其他老成员提点建议。

4. 保持社交互动

社群要想保持热度和活跃度，群管、群成员之间的互动必不可少。此外，社群的活跃度会提升社群的转化率及成交额。

我们社群主要采用以下一些措施来提升社群成员的关注度、参与度，让社群成员在举办活动时能积极回应。

（1）游戏互动。定期在群里玩些有趣的游戏，激发群成员的参与热情，保持社群高热状态。

（2）公告预热。活动开始前，我们会提前公告通知，用写有各种甜言蜜语的红包热场，吸引群成员的眼球及参与。

（3）明群分工。每个活动群都设有指挥官，已经分工好的群运营人员在指挥官的指挥下分工协作。

5. 提供反馈

为了让群成员能及时看到结果，对自己产生信心，并坚持下去，我们的社群会为群友持续提供反馈。

一旦群成员看到自己的进步后，他的积极性就会被激发出来，参与度更高，坚持下去的概率会大大提升。而且他会传播社群的口碑。

比如，我们会指出学员销售型文案写作方面的不足，在哪些方面可以再提升；同时还会表扬他进步的地方，让他感受自己通过老师指导及刻意练习确实在进步，这样他便会有动力花更多的时间参与到社群的学习和活动中。

以上就是我们的社群日常维护及运营的几个小技巧。核心就是制定出明确的使命和目标，然后设计一个共同达到此目标的仪式化行为，接着为所有人履行该行为提供反馈。

我们用一个管理完善的社群，聚集一批有共同志趣的人，在共同的远景下，以不同形式展现自己的特长，实现自己的价值。

7.5.3 社交玩法提升社群效率，增强黏性和转化率

无论是社交电商，还是社交新零售企业，如果想提高运营效果、提升"人、货、场"效率，都需要做好社群的运营。

以社交新零售品牌云集为例。云集的会员既是消费者也是店主（经营者），在新店主入门时，他会接受统一、系统的培训。在培训后，新店主对云集有了更为全面的了解，同时也为后面的社群运营做好了准备工作。

云集会教店主如何快速高效创建自己的微社群——销售群。高效建群的重点如下：建群的时间、建群之前的准备工作、邀请哪些人入群、修改群名称和发群公告、群发邀约语、与群友在群内进行社交互动（如发红包）、邀请群成员做分享等。

为了提升微社群的活跃度，在运营社群的过程中，运营者会使用一些好玩的社交玩法。

（1）群公告。向群友发布群公告可以提醒一些人查看通知，引起其对活动的关注。

（2）修改群名称。通过修改微信群名称来吸引群友，提升活动的影响力及群友的参与度。

（3）群发私信。在举办重要活动时还可以给群友群发私信。这一招是现在很多社群运营者经常使用的方法。

（4）借助电话、短信。微信时代，虽然微友使用电话、短信等传统通信工具的频率大大减少，但不代表传统的电话、短信营销就没有效果了。相反，倒是因为微信使用太过频繁，而使用率较低的电话、短信倒成了一道"亮丽的风景"，反而容易引起群友的关注，提升通知和触达的效果。

（5）活动倒计时。在举办活动或课程培训时，通过活动倒计时的方法可以吸引大量群友的注意力。

（6）开场红包热场。在微信群中，最常用的热场方式是开场发红包。哪怕微信群再沉闷，只要连续发几个红包，群气氛就会热起来。

（7）群友签到。通过群友签到，可以激发群友的热情和激情，提升他们的活动参与度。随后，将群友签到的场面截图发布朋友圈进行造势，吸引朋友圈微友的目光并感染他们。

（8）红包引爆。红包引爆的方法有多种，常用的是红包雨。即群内的群友不允许用文字、语音、图片等方式发言，只能用红包发言、回复信息。

7.5.4 社交化智慧门店：5G 体验中心 + 社群服务培训

5G 时代是经济高速发展、信息飞速传播的时代，人们的生活方式也会发生巨大变化。为了顺应时代发展，给消费者、渠道商带来更好的服务与体验，企业在体验门店的建设上需要花点心思，让体验中心的布局更符合社交新零售的场景体验，突出社交元素，增强服务和培训功能，让消费者、渠道商在社交化智慧门店中获得独特体验的同时，还能充分发挥体验中心的营销功能。

在这方面，我的朋友张爱林创办的知名社交新零售品牌蜜拓蜜的做法值得借鉴。

为了建设 5G 体验中心，蜜拓蜜推行母婴实体店中店"E+4S"模式，实现线下实体店铺的全面升级。蜜拓蜜母婴实体店中店"E+4S"模式分为五个部分：E—Experience（体验）、S—Scenarized（场景化）、S—Salon（沙龙）、S—Share（分享）、S—Social（社群）。

（1）Experience（体验）。旨在结合品牌的产品和服务方式，利用实体店给消费者提供良好的体验。只有顾客体验感好了，他才会更愿意做购买决定，更愿意进行口碑宣传，与品牌以及产品建立深厚的信任感。

（2）Scenarized（场景化）。旨在为顾客打造更适宜的消费场景。尤其是 5G 时代，互联网高速发展，场景化的服务将更具优势和竞争力。

（3）Salon（沙龙）。旨在为宝妈、带孩子的老年人们提供一个共同交流育儿知识、情感的场所。沙龙很适合做精准化营销和服务。

（4）Share（分享）。将线上线下分享结合，紧跟分享经济时代的脚步，让分享理念更加深入人心。沙龙区可以进行线下分享，分享者与听众面对面接触，增强其黏性。而品牌的新媒体直播区则可以进行线上分享，通过社交互动增强品牌与消费者之间的情感联结，提升品牌的美誉度与传播范围。

（5）Social（社群）。以社群为载体和纽带，加深顾客与顾客、顾客与商家之间的联系。将社群化运营运用到线下实体店铺中，更有利于产品和服务的销售与推广。

蜜拓蜜5G实体体验培训区包含300人培训会场、商学院讲师授课区，这为品牌的全方位教育培训体系的实施提供了硬件条件。办公区则集5G系统员工办公区、商学院讲师办公区、讲师风采展示区于一体。

"E+4S"模式的5个部分缺一不可，相互连成一张网，成为品牌5G线下实体系统重要的组成部分，为品牌后续发展奠定了坚实的基石。

品牌的社交化、数字化智慧门店的建设是个长期动态化的工程，需要品牌根据消费者的需求，用新科技赋能智慧门店，打造出一个能让消费者、企业共赢的体验中心。

7.5.5 耐克：打造社交化数字化跑步社群，提升黏性

与强敌阿迪达斯类似，全球著名运动品牌耐克在深耕产品的同时，也开展了一系列数字战略，同时还借助社交平台与社交网络实施了社交战略，将数字与社交合二为一。

与阿迪达斯不同的是，耐克还加强了社群的经营。独树一帜的社交化跑步社群的打造和维护是耐克社交战略的重要一环。借此，耐克将自己的企业文化和理念传递给了更多的客户，增强了客户的黏性和忠诚度，获得了良好的反响和效益。

1. 社群多管齐下

耐克在运营社群时采用了先"落地生根"再"遍地开花"的策略，除了按照国家、地区分类，也分主题（如路跑、健身等）运营。针对不同地区、主题，耐克社群会输出更为精准的专属内容，满足不同人群的不同需求。

这样做的好处是，可以细分主题，多管齐下，能垂直触达更多人群，借助这些人群的社交网络，实现了高效的自传播。

目前，耐克的官方粉丝团已经拥有4000多万客户。耐克借助社群把运动变成了一件很生活化的酷事。

2. 社群活跃度：不能只靠自产内容

有了足够多的粉丝后，如何维护社群，提升社群活跃度和影响力，是很多企业运营社群时亟待解决的问题。每天发些与品牌相关的内容，如品牌新闻、品牌规划，不一定能激起客户的兴趣。那怎么办？

为了解决上述问题，耐克推出了新的战略，除了运营社群，还将社群进行数字化和社交化。耐克推出了Nike+Running、Nike+raining Club、Nike Fuel等一系列运动类型的App，这些App在健身、慢跑等领域产生了不小的影响。它们运营的重点在于激发更多垂直领域的客户生产内容，促进自传播。耐克的策略取得了良好的效果，在没有增加太多投入的情况下有效提升了客户的活跃度。

以Nike+ Running为例。早在2006年，耐克便推出了"Nike+ Running"这款App，客户借助它可以记录跑步的里程，同时上面还会有运动教练等专业人士给客户进行专业的指导和制订健身计划。

经过多年的发展，现在的Nike+ Running积累了大量有同好的客户，该软件逐渐发展为一款数字化社区和线上社群。在Nike+ Running上面，客户可以社交互动、分享经验、互相挑战、互相鼓励。

通过上述策略，耐克成功构建了数字化、社交化二合一的跑步社群。

3. 耐克中国社群的落地营销

2013年，为了顺应中国移动互联网的发展，耐克上线了自己的官方微信服务号——Nike+ Run Club。Nike+ Run Club具备跑者指南和跑者集结等功能，旨在打造面向所有跑者的会员制跑步生态体系，一经推出便广受欢迎。

在跑步社群的基础上，耐克开始推广其跑团文化，并资助了中国的一些具有鲜明个性、积极阳光的跑团，如北京的 Hey Dash、上海的 DarkRunners 等。这些跑团以喜爱运动的年轻人为主，他们的价值观与耐克的"只要你拥有身躯，就是一名运动员"的企业理念相契合。

4. 耐克社交化社群的借鉴意义

耐克的跑步社群对那些想构建企业社群的零售企业具有如下借鉴意义。

其一，聚集同好。认可企业文化理念的客户更适合用社群的形式聚集起来，借助他们来传播企业的品牌、文化、理念。

其二，将品牌理念与社会潮流结合。企业还可以资助一些与企业理念、客户群体一致的社会社群，让自己的品牌理念借助这些符合当下社会潮流的社会团体传播。而且，线下社交网络的信任度和黏性要先天优于线上社交网络。这也是线下社群的优势所在。

其三，加强互动。企业要与社群成员加强交流，强化社群的社交元素，与客户建立有温度的连接。必要时可以上线自己的社区平台，鼓励客户在平台上社交、互动、分享。

其四，提升客户黏性。有一点需要指出，企业建立社群，要弱化销售属性，以塑造品牌形象、提升品牌美誉度、增强客户黏性为主。

第8章 社交新零售的未来：无尽的可能

前面七章详细介绍了社交新零售的概念、演化历程、企业转型和实践社交新零售的方法和案例。然而，站在时间的长河来看，与新零售一样，社交新零售还是个新事物，很多方面还有待规范、完善。

此外，随着5G商用、人工智能、区块链技术的日益成熟，在这些高科技的赋能下，社交新零售的未来将充满无尽可能，它将变得更加科技化，更具商业活力。未来，社交新零售将与众多商业融合，演化出众多新物种。

8.1 社交新零售发展的四大趋势

除了总结过去、关注当下，企业和商家还需要掌握一个重要技能：预测未来。学会预测未来的趋势，你才能提前布局风口，在机遇出现的时候一把抓住它。

随着社交商业与新零售的高速发展，两者融合的演化产物社交新零售将呈现出以下几大发展趋势。

8.1.1 全渠道社交零售：势不可当，成为标配

虽然现在已经有企业在试水全渠道社交零售，但仍然是冰山一角。随着全渠道零售的发展，社交化的全渠道零售将形成一股巨大的势头，席卷零售业，届时全渠道社交零售将成为行业的标配。

未来，全渠道社交零售将主要表现为两种发展态势。

其一，是全渠道零售的社交化。

首先提出新零售概念的阿里巴巴，在布局线上线下全渠道零售的同时，也在加快社交化的进程。一是淘宝早已进行社交化，主要体现在两方面：即淘宝内容和手淘社区。淘宝内容通过淘宝达人分享购物体验等优质内容来促进客户购物。这些优质内容借助微淘、有好货、红人圈、爱逛街、淘宝头条五大板块呈现。手淘社区主要是为了方便卖家和买家之间的沟通交流，便于沉淀客户，促进复购。二是阿里巴巴旗下的支付宝早在2015年便开始增加了社交的功能，与微信越来越像。如支付宝的客户端可以加好友、建群，与社交圈的朋友进行社交互动。

其二，是社交平台布局全渠道零售。

微信、抖音、快手等社交平台通过投资入股一些新零售企业，开始加快全渠道零售的布局，借此拓展线上线下的商业版图。

这些巨头企业在全渠道社交零售方面的动作和成就将吸引更多零售企业布局全渠道社交零售。此外，面对大势所趋，全渠道社交零售的布局将成为企业的必然选择。企业将结合自身业务架构进行全渠道升级，实现线上线下渠道场景化、客户数字化、营销智能化的社交新零售模式。

8.1.2 与社区新零售融合：充满了想象的空间

社区距离消费者更近，这一优势让社区新零售充满了一定的想象空间。

第8章 社交新零售的未来：无尽的可能

实践社区新零售的代表有社区商家、社区附近的超市、便利店等。其中社区超市具备实践社区新零售的先天优势。

一是超市在体验性、可信性、即得性方面优势突出。

二是很多超市拥有一定规模的会员，会员数据是笔宝贵的财富。

三是随着阿里巴巴、京东、小米等巨头开始布局线下，华润苏果等超市已经产生危机意识，开始借助互联网、人工智能等新技术来武装自己，部分超市甚至与阿里巴巴、腾讯等巨头合作，提高消费者支付的效率和便利性，增强消费者的购物体验。如我家附近的华润苏果超市、欧尚超市增加了自助服务，消费者通过自助机便可完成结算，减少了排队等候的时间。而有的超市引入了支付宝的刷脸付款机，大大方便了消费者。

随着社区新零售的发展，它的社交化也势在必行。现在的社区团购是社区新零售社交化的代表之一。

由于社区属于半封闭场景，居民关系是介于熟人关系与陌生人关系之间的半熟人关系，社交关系相对稳定，已经具备了一定的信任和黏性基础。社交化的社区新零售一方面突出线下场景的原有优势，如定期举办线下沙龙、聚会来增强黏性，通过社区内的狗友、宝妈宝爸、球友、牌友、孩子教育、物业服务等社区社交触点触达消费者，将社交与社区商业融合。另一方面则是借助线上线下社交网络及社交工具进一步增强消费者之间的黏性，提升复购率与消费频次，实现社区零售的多次转化。

不久的将来，小而美的社区新零售将借助门店的数字化、社交化和体验的智能化、社交化赋能零售，实现对消费者的深度、精准服务，提升消费者的体验。

当然，由于社区服务还不完善、社区交流氛围有待增强等原因，社区新零售的社交化仍然处于初步发展期，其商业模式仍然有待完善，其潜力仍然有待深入挖掘。

8.1.3 与社群新零售融合:将客户转化为品牌资产

随着新零售的发展,出现了社群与新零售融合的演化产物社群新零售。袁海涛等研究者在《社群新零售》一书中指出,所谓社群新零售,是指基于社群关系,以客户为中心,在客户需求的驱动下,借助供应链重构和线上线下融合,实现按需定制的新型零售模式。

随着社交新零售和社群新零售的发展,两者将充分融合。融合的方向主要有两个:

其一,社群新零售的社交化。如本书中提到的耐克,它打造企业社群的同时,完成了社群的数字化与社交化,让社群更有效率、更具活力、更有黏性。

其二,社交新零售企业打造企业社群。企业借助社群这个触点充分触达客户与合作伙伴。社群可以有效缩短产品的流通环节,将企业与客户及合作伙伴连接在一起,实现短路经济。如蒙牛社交新零售借助社群对经销商进行精细化运营与管理。云集的店主则通过社群来增强客户的黏性,促进产品的销售和复购。

社交化的社群新零售企业,其关注点是客户,通过线上线下社交网络的赋能,借助其强劲的势能来打造利益共同体、精神联合体、命运共同体,将客户转化为品牌资产,提升零售的效率,降低运营的成本与风险。利益共同体的打造以线上线下的产品销售为核心;精神联合体的打造涉及社交化社群经济体系的搭建和客户的深度运营;命运共同体的打造则以社交化平台的搭建和运营为核心。

社交化的社群新零售,围绕品牌客户进行社群经济体系建设,深度运营客户社群,将客户转化为品牌资产,实现零售效率的提升。

8.1.4　与私域流量池融合：拓展企业的私域电商渠道

随着线上流量红利的消失，流量获取的成本和难度不断增大，私域流量成为包括社交新零售企业在内的众多企业关注的焦点和争夺的对象。

一方面，社交新零售企业在靠社交裂变等玩法获取大量低成本的流量之后，流量的私域化与精细化运营将成为其重要的规划。社交新零售企业流量的私域化将趋向于以下几个方向：

其一，客户私域化。企业借助社交网络，通过社交玩法将私域流量转化为私域客户，结合服务和体验来深挖客户的终身价值，击穿单客经济，实现高效零售。

其二，搭建私域电商渠道。一方面，社交新零售企业借助消费商模式将私域客户转化为私域电商或者直接与外界的私域电商合作，拓展企业的私域电商渠道，降低运营的风险和成本。如蒙牛、娃哈哈、东阿阿胶等传统大品牌，已经开始借助社交新零售模式，将经销商私域化，积累了一定规模的私域电商。另一方面，众多企业在搭建私域流量池的过程中，发现借助社交网络、通过社交玩法可以低价高效地获客拉新，获取私域流量，同时还能有效触达客户，提升转化率，提高客单价，增强客户黏性，于是纷纷开始采用社交新零售模式来搭建和运营私域流量池。

因为拥有出色的CRM系统，微信个人号、小程序和企业App等工具成为目前私域流量池搭建和管理的常用工具。但随着5G的商用、人工智能的成熟，未来搭建和管理私域流量池的工具也将升级，甚至会进化出一个新的物种。在流量越来越碎片化的时代，这个新物种在获取流量、管理流量、运营私域流量池方面将更为灵活。

8.2 社交新零售的未来有哪些可能

未来已来，只不过有时我们看不见罢了。

未来，在5G、人工智能等新技术的赋能下，社交新零售这一模式将变得更加科技化、智能化，拥有无尽的可能。

8.2.1 更科技、更智能、更人性

在2017年的京东年会上，京东创始人刘强东说："时代正在发生快速、剧烈的变化，未来10年科技进步的速度将超过过去的100年。在以人工智能为代表的第四次商业革命来临之际，京东集团将坚定地朝着技术创新转型。"刘强东还指出，在未来的12年内，要让京东成为"包括智能商业、智能金融、智能保险业务在内的全球领先的智能商业体"。

首先，随着5G技术的成熟，未来，社交新零售业态将变得更加科技化，新技术将成为其主要驱动力。

小米早已开始了这方面的布局。科技感是小米研发产品和筛选第三方产品的标准之一，这是因为小米早已意识到消费升级后的消费者（尤其年青一代）对科技感方面的需求将愈发增强，科技感将成为产品的核心竞争力之一，新技术将成为业绩提升的驱动力。

而随着科技的不断发展，VR、AR技术将日益成熟，也将为购物体验插上高体验性的翅膀。此前，VR、AR技术早已投入商用，但因为技术不成熟（如画面不够逼真、会出现卡顿等），导致消费者体验并不好，影响了其商业推广。当新的科技出现后，VR、AR技术水平将得到有效提升，能给消费者带来更好的体验。不久的将来，你甚至在家便能借助VR技术进行在线购物，同时还能享受到线下门店的触摸、试穿等体验。

第8章 社交新零售的未来：无尽的可能

阿里成立达摩院、腾讯重注研究院、百度All in AI，互联网巨头开始不断赋能新零售，从中能明显感受到他们对于新技术的重视。而从另外一个角度，同样可以看出新技术在赋能新零售及社交新零售的过程中所起的重要性。

因此，社交新零售企业研发产品或选择合作品牌时，需要强化产品的科技基因，以满足新消费时代下新生代消费者的需求。

其次，随着人工智能的日益成熟，零售业将加快智能化的步伐，智能购物、智能体验、智能付款等环节将让零售更为高效、智能。"人、货、场"将插上智能的翅膀，其中，信息流、现金流、物流等"场"的元素会与智能技术充分融合。不久的将来，你在家，或者戴着眼镜走在路上，极为丰富的商品信息流便会涌向你，你只需要用手一点，或者说出选哪种产品，便能完成购物过程，然后一个小时内，你买的产品便通过智能物流"飞"到了你的手中。

这就要求社交新零售企业要能与时俱进，加强智能化的布局。

最后，社交元素的加强将让整个零售业态、购物过程更为人性化。你在家通过VR、5G等技术轻松购物，在此过程中人工智能会与你不断社交互动，比真实的客服更耐心、更贴心、更懂你、更便捷。它将24小时在线服务你，而且还不会冲你发脾气。当你付款时，现金、数字货币都不需要，直接从你的社交货币中扣除。而且随着你购物次数的增加，你的好信誉会增加你的社交货币。

而随着社交在商业中的重要性日益增强，学习社交互动的方式将成为消费者需要增强的技能。因为由于新科技的融入，人与人之间、人与人工智能之间的社交互动将升级，你想要高效社交，就得多体验、学会配合、懂得机器社交的方式。

总之，社交新零售企业在融入科技、智能元素的同时，最需要增强的是社交基因。

8.2.2 构建社交新零售的生态体系

随着社交商业与社交新零售的发展,社交新零售的生态体系构建将成为一些大企业的战略选择。

社交新零售的生态建设将围绕"人、货、场"展开,融合互联网、物联网、大数据运算等技术,覆盖设计、原材料采购、商品生产及加工、商品经营到结算等方面,通过优化供应链,为客户提供专业的内容、培训、仓储、物流、售前售中售后服务等平台化、一体化服务,提升人效、货效、场效,增强客户的体验。其中内容建设和客户体验将成为生态建设的重心。

阿里巴巴、腾讯、小米、万达等企业已经加快了社交新零售生态体系的建设进程,只是不同企业侧重的领域有所不同。未来,社交新零售领域会存在几个大的生态体系、一定数量的小生态,在这些生态链上,存活着众多的商家和从业者。

打造好的生态体系需要平台具备极强的整合不同环节、不同领域商家的能力,并增强自我造血的能力。

此外,在社交新零售生态建设的过程中,数字化程度会加重,内容变得更多样、更重要,企业和商家通过互联、互通、互动、互惠等方式来争夺消费者被分割的碎片化时间。社交新零售的数字化主要有如下几大趋势:基于物联网、大数据的供应端数字化;商贸流通领域的数字化;基于社交、娱乐的消费端数字化。

8.2.3 社交新零售成为独立的商业模式

虽说目前社交新零售是四次零售变革演化的产物,是新零售的有力补充。但随着社交属性的增强、社交重要性的增强、社交商业影响力的提升,

第8章 社交新零售的未来：无尽的可能

社交新零售终将成为一种独立、成熟、重要的商业模式，而非只是新零售的补充物。

其实，从现在的社交电商等社交商业发展的势头已经可以看出这方面的苗头。社交电商等模式，在没有加强线下布局的情况下，单纯通过社交赋能便已经显露出相当强劲的发展潜力，足以看出社交元素所具备的影响力和潜能。

不久的将来，当社交商业与新零售充分融合后，社交属性对零售业态的影响力甚嚣尘上、线上线下布局已无法离开社交赋能时，社交新零售这一商业形态将变得更为独立、更加成熟、更具能量、更有生命力。

而且，随着5G、人工智能等技术的发展，在5G、人工智能等新技术的赋能下，社交将会变得更丰富、更好玩、更强大。此外，当万物互联时，消费者的生活会变得更为便利，万物"触手可得"，他们会变得更懒更"宅"。凡事都有利弊。当你长时间"宅"在家里，甚至办公都是在家里，你与现实世界中的外界、他人的交互将变少，你会更加孤独。这个时候，你对社交有了更大的需求，你希望社交变得更便捷、更有趣。

1G到4G时代诞生了脸谱、QQ、微博、微信等社交产品。5G时代现有的社交产品需要升级，以满足新时代的消费者的社交需求。但还存在一种更大的可能性，那就是会出现属于5G时代的一款新的社交产品，它拥有物联网的基因，让社交变得随时随地随意。你即使不用手机，也能通过其他可穿戴装备（如智能手表）与他人交互。这种社交产品将更有趣，更场景化，也会帮你变得更"懒"。新时代的社交产品将让购物变得更便捷、更随意、体验更好，届时，将进化出更多社交新零售生态下的超级物种。而这款场景化的社交产品将有可能产生比微信更强大的马太效应，让其他社交产品几乎没有生存空间。

那么，谁能把握先机率先研发出这款社交产品？腾讯？阿里巴巴？小米？或许是一个在中国三四线城市白手起家的不起眼的小公司？这些不得而知。但有一点可以肯定的是，这款社交产品将不同于现在的任何一款社交产品。

8.2.4　5G时代的社交新零售变革："榨干"客户

从1G到4G对零售业态的影响可以推测，5G商用后，零售行业必然会发生深远的变革，只不过本次变革会更为激烈，万物互联时代的零售将变得更智能、更高效，社交化程度也会增强。在科技、社交赋能之下，零售业的"人、货、场"将被高度重构，原有的消费场景相对固定的"场"，将变成以消费者为中心的线上线下随时随地的"无处不在的场"，让消费者的消费变得更便捷、更随意，如图8-1所示。

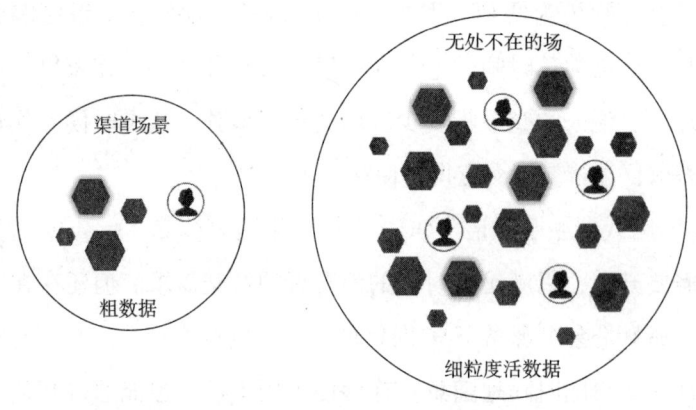

图8-1　线上线下随时随地的"无处不在的场"

但总的来说，具有高速、低延时、万物互联等优势的5G对社交新零售业态的影响，仍然是围绕着"人、货、场"三要素展开，总原则是充分挖掘客户的终身价值，让客户不断消费（图8-2）。

1. 5G社交新零售的场效革命

在5G的赋能下，由信息流、现金流、物流组成的零售之"场"将变得更具科技感，更为丰富多样。

第8章 社交新零售的未来：无尽的可能

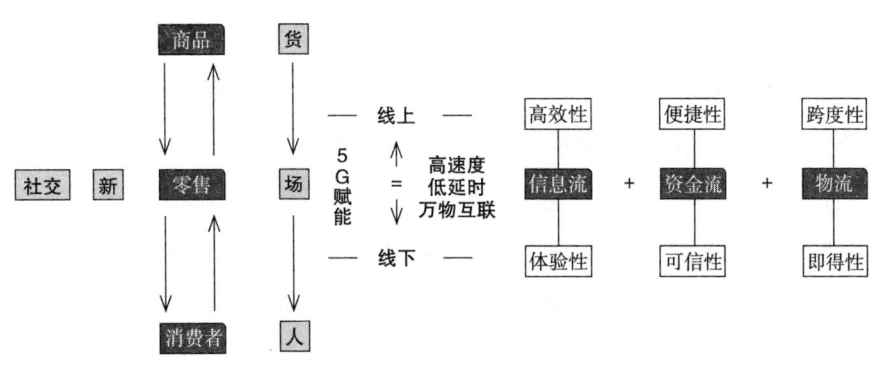

图8-2 线上线下零售如何才能双赢

办公场景下，企业为了防止员工工作时分心，可能会限制数据连接、交互，而且万物互联的情况下，办公自动化会打破工作空间的限制，很多人会选择在家或家附近办公。这就意味着5G的商用对社区场景的影响及改造程度可能要远大于办公场景，甚至会引起家居环境及生活方式的革命。

你在家进行线上购物，借助VR、AR技术，在感受信息流的高效性的同时，还能享受良好的体验性。在购物的过程中，还会有客服与你互动，这个客服也许是真人或人工智能在线，也可能是虚拟的"人"。这就让你的购物体验变得更为美好。5G让消费者能同时享受信息流的高效性与体验性。

你选好商品开始下单，等确认收货后，系统直接从你的账户或社交货币中扣除相应的费用。你发现，使用现金的机会越来越少，数字化货币让消费变得更为便捷。而且你并不用担心钱被骗，因为有类似区块链这样的技术让你和商家的信用变得更加透明化，欺诈成本的增加将让你的资金（现金或虚拟货币）变得更安全。5G让资金流的便捷性与可信性兼备。

你刚下完单，不到半小时，就听到敲门声，原来是货已经送到了。可能是你家附近的仓储中心根据你的消费画像，提前将你可能需要的商品准备好了，在接到你的订单后，第一时间送货上门。也有可能是无人飞机"衔"着货飞到你家附近的物流中心，物流变得更快了。或者是无人驾驶的车辆送货上门,这将帮商家降低配送成本。5G让物流的跨度性与即得性兼备。

5G大大提升了社交新零售的场效。当家中的家居用品都实现了互联互通之后,每件家居用品都可能成为"场"的一个触点和购物入口。

你家的冰箱有了售卖功能。冰箱上的显示屏会显示出周边生鲜菜品、水果、零售超市的推广信息,还会告诉你家中的某个商品还能用几天,在哪些平台哪些商家那可以购买,并将不同平台不同商家的价格、促销活动、口碑展示给你。你只需要轻轻一点,便完成了下单。

视频具备更强大的带货功能。你看到任何心仪的视频商品,只需要点击,便可以下单或添加到"云上"购物车中。而且视频的社交功能更强大了。有感而发时,你可以很随意地说上几句话,然后便变成了语音弹幕。网友可以点击语音收听,也可以转化成文字观看。当你看到商家发起定制、拼团活动时,你随手一点,或者直接发话,便将链接分享到社交圈,组团购物。

你家中的每件家居用品可能都会带上显示屏,拥有显示功能,它们将具备购物入口功能,变成触点,让你入"场"并购物。

因此,5G时代消费者会变得更宅。因为科技让消费者在足不出户的情况下便能完成一次高效、有趣、精准的购物。而消费者甚至在家里便可以和朋友一边喝着下午茶,一边聊天。更加碎片化的线上社交将变得无处不在。此时,社区新零售与社交新零售融合的产物将变得更具活力,影响更为强大。

2. 5G社交新零售的人效革命

提到人效革命,我们还需要再回到"销售额=流量×转化率×客单价×复购率"这个公式。5G对社交新零售的人效的影响也是围绕这几个要素展开(图8-3)。

第8章 社交新零售的未来：无尽的可能

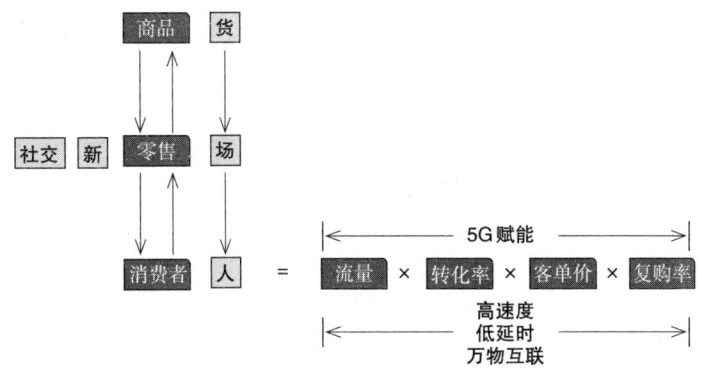

图8-3 5G赋能"人、货、场"的人效

5G时代，万物互联，流量的获取将不再局限于原来那套方法，而是变得更加碎片化、智能化、社交化、多样化。只要商家能触达到消费者，获取消费者的注意力，便能获取这些流量。届时，围绕消费者的注意力和时间的争夺将变得更加激烈。

5G时代，转化客户的方式将变得更加多样，但社交玩法将是提升客户转化率的重要武器。AR、VR、可穿戴设备等高科技产物在给消费者带来高效性、便捷性、体验性的同时，也将设法让消费者购买更多的产品（实物、虚拟产品），花更多的钱。

5G时代，单客经济和会员经济的价值将提升。无论是线上零售，还是线下零售，商家将更重视客户的质量和单个客户的终身价值，而非热衷于收割一波韭菜走人。为了提升客单价和复购率，商家会借助新技术的赋能，融入更多富有情感的社交玩法，不断提升产品的质量和体验性，增强消费者的体验。

5G时代，社群经济仍然具有极大的价值，只不过在科技的赋能下，社群变得更加智能化、多样化，社群的规模会扩大，此时可能会形成虚拟的在线社区。运营好这些虚拟社区将会帮助商家提升客户的转化率，深挖其终身价值。

此外，5G时代，万物互联环境下的智慧零售将让共享经济拥有更大的发展空间。届时，商家将依托于类似于万达广场这样的生态化的商圈而存在，小散户生存的空间越来越小。在这种环境下，一个客户有可能在同一个时间段在某个商圈的多个商家那边消费。

比如，你是个年轻妈妈，推着婴儿车在某个商圈中的无人便利店中买了瓶矿泉水，刚用支付宝完成支付，便收到了周边其他商家的促销活动通知。当你推着婴儿车走进母婴商场，商场里的设备根据婴儿的状态、你的客户数据，显示出匹配的产品信息，并将数据实时同步到你的智能手表上。你点击手表便能完成在线下单。

5G时代，与优质的商圈合作，提升客户的服务质量和体验感，将让商家有更好的发展空间。

3. 5G社交新零售的货效革命

5G时代，D-M-S-B-b-C这一货物流通链路的进化仍然在继续，短路经济的价值将被放大（图8-4）。缩短环节和消费者逆向牵引生产方式变革是短路经济的两个大的方向，而后者在5G时代将有极大的挖掘空间。但货效革命的核心仍然是为了提高流通效率，提升零售的效率，让更优质的产品和服务更快地到达消费者手中。

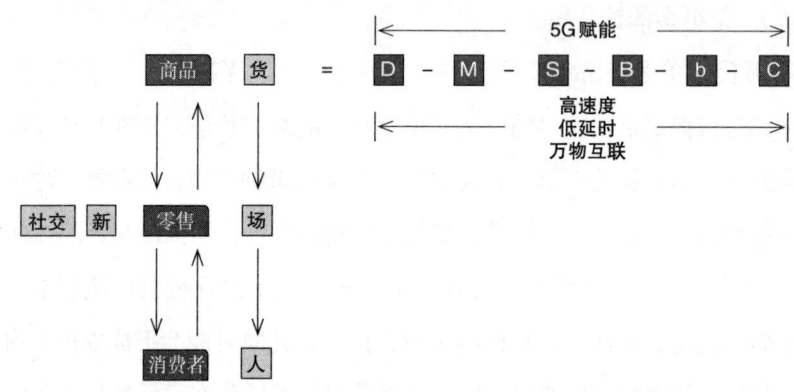

图8-4　5G赋能"人、货、场"的货效

消费者逆向牵引生产方式变革早在新零售时代便已开始，其中C2B和

第8章 社交新零售的未来：无尽的可能

C2M模式是这种变革下的两个主要模式。到了5G时代，新科技（物联网、人工智能、芯片业等）让消费者与商家或厂家的连接更便利，在万物互联、货物流通成本下降的情况下，C2B和C2M模式下的柔性化生产可以满足消费者的更多个性化需求和社交渴求。而商家和厂家并不用担心订单过于分散引起的低规模、低效率，因为大数据会将这些分散的需求集中起来给商家和厂家，商家和厂家要做的就是，与具有一定规模客户数据的平台合作。当商家和厂家不用再为订单发愁时，创意在社交新零售业态中将变得越来越重要，并为商家或厂家带来溢价空间。

有一点需要指出，在5G的赋能下，借科技之"手"，将会出现更多"捕获"客户数据的手段和方式，这让客户画像变得更加精准。拥有海量客户数据的平台或商家甚至比你自己还了解你，可以满足你的精准需求，甚至大量挖掘你的潜在需求，借此提升你的单客价值。比如，你线上或线下零售时，某款商品每天售出100件，客户查看次数是1000次，客户查看次数与销量比为1∶10，而同类其他商品这一比值是1∶5。此时，智能设备会把这一信息反馈给你，并给出调整的建议，如优化包装、适当降价等。某款商品，客户在此浏览的时间是15分钟，但下单量低于其他同类商品。智能设备将信息反馈给你，并建议你做些促销活动。你根据这些反馈和建议制订了相应的方案，提升了业绩。

与此同时，也会出现一个新的问题，那就是客户隐私的安全性。如果拥有大数据的一方缺乏职业操守，你可能会被对方不断骚扰、冒犯。这还算好的。如果你的隐私，如何时出行、何时吃饭、吃了什么、去了哪里，被泄露或出卖，你的人身安全将成问题。到时，保护客户的隐私有可能会形成一个新生态。

8.2.5 区块链 + 社交新零售：引领零售行业革命

2019年10月25日，新闻联播报道了国家领导人学习区块链的新闻，与此同时，区块链也上升为国家战略层面的核心技术。这让区块链再次火爆朋友圈。

在阐述区块链对社交新零售的影响之前，我先简单介绍一下区块链及其家族。

区块链是在互联网技术不断发展和去中心化大趋势的基础上出现的。"互联网+去中心化"除了"生了"区块链这个"孩子"，还为区块链"生了"其他"兄弟姐妹"（图8-5）。

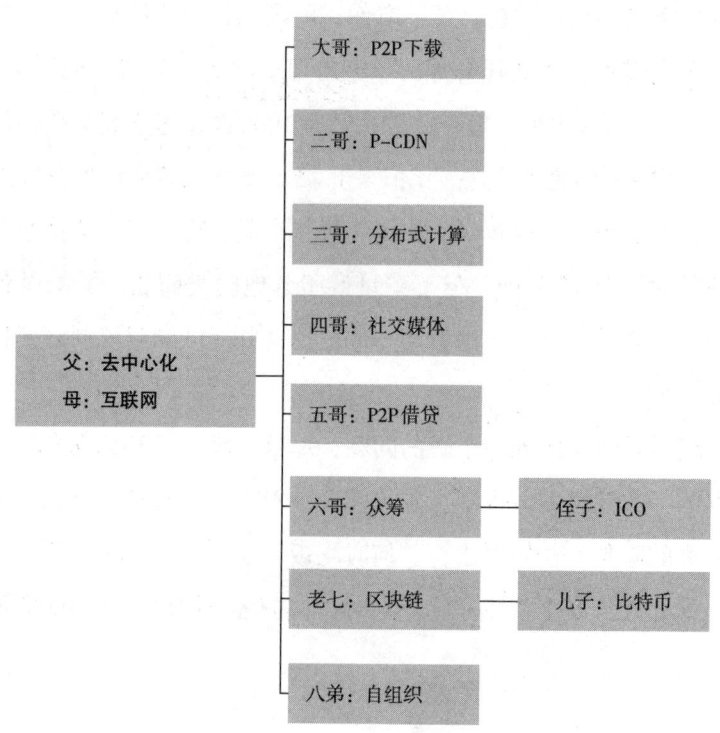

图8-5　区块链家族成员

帮区块链"接生"的人是自称日裔美国人的中本聪，他在2008年发表了一篇《基于点对点技术的数字现金系统》的论文，这也宣告了区块链的"出生"。

区块链具有去中心化、开放性、自治性、信息不可篡改、匿名性等五大特性，它区别于传统的中心式记账技术，是一种加密的分布式记账技术，其最大的价值是去除中间的信任机构。随着区块链的发展，很多第三方信用机构将消失，我们的生活效率将获得很大的提升。

为了加深你对区块链的理解，我举个通俗的例子：小明借给小王100元，小明在人群和社交圈中喊道："我借给小王100元。"小王也在人群和社交圈中喊："小明借给我100元。"此时，人群中的路人甲、乙、丙、丁等，都在自己的小本本上记下了这笔账。这样小王是无法赖账的，因为这笔借款不仅仅只有小明他俩知道，而是被永久地不可篡改地记在了其他人的账本上。这就是区块链分布式记账的功能在发挥作用。

那甲、乙、丙、丁等人为什么愿意记账？这是因为他们会从区块链生态中获得相应的奖励，这就保证了他们记账的积极性和公允性。而系统为了保证数据和信息的安全性，会借助密码学中的技术给数据的传输和访问加密。

说完区块链，下面言归正传，来阐述区块链将对社交新零售产生的影响。总体而言，区块链将通过以下方式来助力社交新零售的发展。

1. 区块链对物流的影响

有了区块链的赋能，物流溯源能力将大大增强，消费者在手机端查看物流详情页时，可通过上面的"查看商品物流溯源信息"版块，查看已购商品的溯源信息，这将让商品的来源变得真实可靠，提升消费者对物流及企业的信任度。

为什么区块链可以做到这一点？这是因为，基于区块链技术的物流体系，在商家、海关等上传完物流数据后，需要消费者确认已购商品的物流信息，这就让人为的数据造假几无可能。

目前，已经有众多新零售企业开始将区块链应用于物流体系中。

阿里巴巴物流服务商菜鸟网络与天猫国际已开始建设基于区块链技术的防篡改的物流追踪体系。

沃尔玛则在研发基于区块链技术的无人机包裹寄送追踪系统，这将提升无人机寄送包裹的安全性、可信性。

2. 区块链对供应链的影响

基于区块链技术的数字化供应链将成为社交新零售行业的技术创新，它将在全球跨境商品的供应链管理和流通中得到广泛应用。

为什么区块链对全球跨境商品的流通具有重要意义？这是因为以往的供应链环节太多，透明性较差，这就让贪腐等人为因素有了可乘之机，加大了供应链的不安全性。而区块链技术的分布式记账功能因为具有不可篡改的特性，减少了人为操作的空间。

此外，借助区块链分布式记账功能的赋能，商品的全球链路追踪功能将大大增强，追踪的精准度大大提升。分布式记账功能将让商品的生产、运输、通关、报检、检验等环节得到加密处理，让整个流程清晰、可追踪、可监控，无法被篡改。同时，区块链技术还将简化供应链环节的数据交换和作业流程。

这将让供应链变得更加安全、可信、可靠、高效。以购买猪肉为例，消费者购买到的猪肉拥有唯一的溯源编码，据此，他除了能辨别所购猪肉的真伪，还能详细了解猪肉从生产、仓储到流通、送达的整个过程。这样他对企业将更信任，也能放心地吃安全的食品。

京东目前已经开启了区块链技术在供应链方面的应用研究。如京东搭建的"京东区块链防伪追溯开放平台"，将加强在商品品质溯源和防伪等方面的研究。

3. 区块链对社交的影响

区块链对社交新零售中社交层面的影响主要有以下几方面。

（1）让用户数据更安全

用户数据对企业的好处很明显，那就是可以让企业根据用户数据来了解用户的喜好、习惯，然后对其实施精准营销，为用户提供更具针对性的商品和服务，满足其精细化需求。

然而，对用户而言，虽然他可以获得更加精准、个性化的服务和体验，但与此同时也存在一个很大的隐患，那就是用户数据的安全性无法得到保障。平台已经掌握了大量的用户数据，形成了详细的用户画像，它甚至比用户还了解用户自己。这意味着如果它根据用户的画像来实施有针对性的营销套路，用户将很难不"上套"。这还算好的，如果平台将用户数据泄漏或出卖，被别有用心的第三方利用，可能会产生可怕的后果。

那怎么办？

区块链技术的匿名、加密存储、去中心化、数据难以篡改等优势可以让用户数据更安全，让用户社交更放心。

比如东南亚及中东最大的社交平台Mico创立了基于区块链技术的社交区块链GSC，它能有效解决上述用户痛点。社交区块链借助区块链技术来记录社交平台的权属信息，通过区块链的智能合约来解决基于平台的交易问题。它可以让用户掌控数据的主导权，确保用户数据的安全。

（2）重塑社交平台的信任

社交电商、社交新零售都是基于社交网络形成的商业模式，因为有了社交网络作为背书，前期用户与企业或消费商已经有了一定的信任基础，这就让企业能够在很短的时间内实现低成本获客拉新、爆发式增长、私域流量裂变。但这种模式也存在一个问题，那就是用户对企业或消费商的信任是人为构建的，而这种信任存在一定的不确定性，一旦出现信任危机，将会严重影响企业的持续发展。

而区块链的可追溯、可监控、数据难以篡改等特性则可以大大提升社交电商、社交新零售商业模式的可信性，让企业从运营初期便得到用户的信任，并保证信任的可持续性。未来，基于区块链技术的加密的数据化信息将代替人成为交易的中心。

（3）用激励模式提高用户的参与度

企业可以借助区块链技术构建一个规范、有序的社交新零售生态链。在这个生态链中，企业可以通过激励模式来提升用户的参与度，提高平台的人气。激励模式主要分为精神激励与物质激励两种，但以物质激励为主。

比如，用户在平台发布内容之后，平台可以根据其他用户对其内容的评论热度、点赞数、分享次数来奖励对方。这样可以激发用户持续地创造出好的社交内容，提升平台的吸引力与人气。

此外，企业还可以通过区块链技术实现与用户关系的深度绑定。比如，有两个社交平台，一个平台你只是普通的用户，而另一个平台你除了可以使用平台进行社交，还能共享平台生态的收益（如广告收益、付费服务的收益等）。你是不是恨不得7×24小时都在使用这个社交平台？因为它能持续帮你创造收益。

在这种机制的激励下，用户可以充分参与到企业创建的社区生态中，通过发挥自身智慧、在社交圈中不断传播企业，帮助企业创造更大的价值。

8.3 把握社交新零售未来必备的三大心态

能让我们在变化越来越快、充满高度不确定性的未来始终领先一步的，是我们的良好心态。

第8章 社交新零售的未来：无尽的可能

在激烈变革的时代，要想把握社交新零售的未来，需要具备分享心态、合作心态、农耕心态（图8-6）。

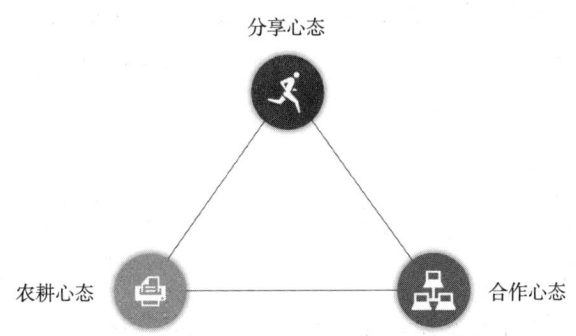

图8-6 把握社交新零售的未来必备的三大心态

8.3.1 分享心态：越分享越值钱

分享经济时代，通过分享可以为他人提供更好的服务和更大的价值。社交新零售从业者也需要学会分享，通过分享，为客户提供服务和价值，放大我们的价值和影响力。社交新零售和传统创业、电商的重要区别就在于从业者懂得分享，会分享也是社交新零售从业者迅速崛起的核心因素之一。

社交新零售从业者，越分享越值钱。

我们可以分享产品知识、经验、心得体会、自己的创业故事，通过这些分享，拉近我们和客户之间的关系，让客户成为铁粉。

共享经济时代，通过分享可以为他人提供价值。你服务的人越多，你的价值就越大，也就越值钱。

那么，具体如何做好分享？

（1）不要害怕分享

很多社交新零售从业者担心自己分享的内容别人都知道，不能为其他人提供价值。不要有这种担心。由于信息差的存在，我们都会知道一些别人不知道的知识，别人也会知道一些我们不懂的东西。比如，老人肯定比新人对产品更了解，更知道如何成交客户、维护好客户，那我们就可以将这些知识分享给新人从业者，在他们心中我们就成了大咖和偶像，对我们除了崇拜还有感激。

（2）不要吝啬分享

很多人会担心自己把干货都分享给别人了，那自己就不值钱了。其实，越分享，你越值钱，你的收获也越多。当你把你的经验、知识都分享给客户后，你为他们提供了高价值的服务和价值，他们自然会认可你，感激你，也会传播你的故事和你的品牌，你将建立更大的影响力，知道你的人会越来越多，你的客户会越来越多，你也就变得越来越值钱了。

此外，当你不断分享时，为了让自己一直有干货输出，你会不断逼自己学习、成长，好持续为客户提供服务和价值，这时候你的积累会越来越多，你会越来越厉害，越来越有价值，越来越值钱。分享，既成就了他人，也成就了你自己。

（3）分享有价值的内容

分享心态，要求我们通过分享，为客户提供信息服务、精神服务。当然，前提是所分享的内容要对客户有价值有帮助，他们才会愿意听分享，也才会被分享打动，进而追随我们，购买产品。

我现在分享时，除了分享干货，更喜欢分享我如何借助移动互联网创业走出低谷的故事，以及我身边朋友如何从一名没有地位的普通宝妈借助移动互联网创业逆袭为一名新女性创业者的故事。这样的故事在我的女性励志、成长、创业书籍中有很多。当我通过文字、演说分享了这些故事后，很多女性会被我和我身边朋友的故事打动，想和我们进一步连接。

越分享，越值钱。社交新零售从业者，要懂得通过分享为你的客户提供服务和价值。

8.3.2 合作心态：客户成为盟友

随着社会的发展，合伙人模式越来越为人认同和重视。其实即使抛开合伙人模式不谈，做很多事情都需要学会与他人合作。因为现在社会早不是孤胆英雄单兵作战的时代，一个人要想把事情做好，把事业做大，离不开与人合作，组团"打怪"。其实合伙人模式更像是合作关系的升级，是一种更为稳固、长久、信赖的合作关系。

史蒂芬·柯维在《高效能人士的七个习惯》一书中提到高效能人士需要具备七个优秀习惯，其中第四个习惯是双赢思维，它是保持良好人际关系的原则，也是创业者必备的优良品质。双赢思维的背后是一种合作的心态。

想做好社交新零售，也离不开合作。

（1）与渠道商合作

与渠道商合作，一起将团队做大，将品牌做强。只有帮助对方赚到钱了，你才能赚到更多钱，也才能吸引更多人追随你。

我有个朋友，之前她经销过某品牌，在经销该品牌时认识了另一个渠道商。后来这名渠道商自创品牌，邀请她一起合作。通过合作，他们运营的减肥品牌越做越大，而她短短一年内团队裂变到了7万人。

（2）与客户合作

社交新零售从业者还要学会与客户合作。社交新零售之所以能异军突起，主要因为移动互联网的发展大大降低了消费者的参与门槛，每一个潜在客户都能通过手中的移动终端设备参与到产品的销售中。可以不断从客户中挖掘潜在的事业合作伙伴，裂变渠道和团队。

8.3.3 农耕心态：让事业更长青

急功近利是很多社交新零售品牌、团队的弊病。

很多社交新零售品牌之所以火得快，消失得也快，就是因为急功近利，想捞快钱，赚一票就走人。很多社交新零售从业者也是这样。当为客户服务时，如果不能尽快成交他们，他们会很快失去耐心，不再服务这些客户。其实这些伙伴不懂，服务客户其实相当于在建立一个管道，在挖口井，需要爱、耐心和时间。如果太过于急功近利，短时间看不到收益和效果，就放弃了服务，或者用低质量的服务敷衍他们，那么自然很难建立自己的管道，也很难挖出一口满是水源的井。

创业者要有耐心，具备农耕心态，像农人那样懂得春种秋收，深耕自己的事业，让自己的事业、关系网络更牢固、更广阔，那时赚钱自然是水到渠成的事。毕竟，一分耕耘一分收获。

当培养出农耕心态后，你会更加用心地服务好客户，急他们之所急，想他们之所想。当客户咨询问题时，你要意识到可能是服务不到位，还没有完全解答客户的疑虑，要借机完善服务。当客户抱怨产品质量时，你要想到可能是产品确实存在问题，或者是没有解释清楚产品的用法和注意事项，让客户在使用时体验不好。

总之，社交新零售从业者要具备农耕心态，懂得深耕细作，这样才能在竞争激烈的社交新零售界立于不败之地。

8.4 赢在社交新零售未来必备的四大思维模式

为什么有些人总能把握新的机会？为什么有些人却总是错过时代的机

会？他们之间的差异主要在于思维模式。好的思维模式将让你如虎添翼。

在面对新技术、新趋势推动的商业变革时，企业和从业者要想把握先机，做好社交新零售，需要培养以下几大思维模式（图8-7）。

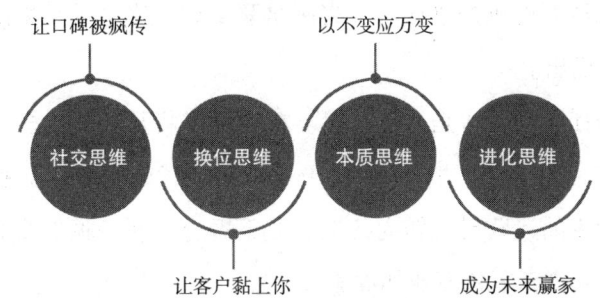

图8-7 赢在社交新零售的未来必备的四大思维模式

8.4.1 社交思维：让口碑被疯传

社交新零售企业借助社交方能树立在客户心中的好口碑。

移动互联网时代，口碑为王。从事社交新零售，更注重口碑。社交新零售从业者的口碑是靠客户在他们的朋友圈等社交圈中传播开来的。好的口碑和坏的口碑都极容易传播，而且借助移动互联网，其传播速度在加快，口碑可以被移动互联网无限放大。如果想在社交圈中树立好的口碑，要懂得运用社交思维去服务自己的客户，让他们和我们像家人一样相处，好口碑自然会传播开来。

正是因为社交新零售靠社交维系口碑和信任，所以才看到众多善于社交的网红、大学生、宝妈借助社交新零售创业迅速崛起，改变了自己的人生。而那些因为口碑败坏，通过社交圈被无限放大后，无法维系正常社交关系的从业者，最终不得不黯然离场。

社交新零售 爆发式增长和私域流量裂变的低成本路径

现在很多传统实体店也意识到社交在提升业绩、拓展渠道方面的重要性,开始向社交新零售行业学习,在经营生意时融入社交思维。拥有社交思维的传统创业者将会拓宽他们事业的维度和广度,让他们的事业拥有更多可能。越早具备社交思维的创业者,将越早享受到社交思维带来的红利,在行业中迅速脱颖而出。

实体转型社交新零售是大势所趋。社交新零售从业者要多与传统实体店主沟通、交流,向他们"取经",学习实体店运营的智慧,让社交新零售事业从以线上为主的运营模式转向线上、线下融合的两条腿走路的社交新零售模式,这将让社交新零售事业如虎添翼。

社交思维将迅速提升社交新零售从业者的业绩,扩大其事业版图。具体操作时,要掌握如下几点:

(1)掌握社交新零售创业的核心精髓。社交新零售创业、移动互联网创业的核心是以人为中心,这是其与传统创业以产品为中心最大的区别。但很多传统创业者从事社交新零售后,没有意识到这点,忽略了对人的重视,没有维护好客户,最终其事业无法长久。明白了这点,你创业时自然会重视对客户的服务。

(2)重视信任感的建立。在服务客户的过程中,首先要将80%的精力花在建立信任感方面。即使你在社交,也要明白你社交的目的是尽快让潜在的客户信任你,为后面成交做准备。

(3)经常沟通、互动。建立好信任感后,还要经常与客户沟通、互动,便于后期成交。具体频次因人而异,但至少每天一次。

(4)社交过程中提供价值。能为对方提供价值的社交才能称为有效社交,否则是在浪费生命。你要用你的专业知识,服务客户、选择项目、裂变团队等方面的经验,让对方觉得你对他有价值,这样你才能留住对方。

(5)真诚介绍企业、产品、项目、团队。前面工作做到位后,此时可以成交对方了。但在介绍企业、产品、项目、团队时要真诚、自然,让对方觉得你很坦诚。

8.4.2 换位思维:让客户黏上你

所谓"换位思维",就是与他人相处时我们要能够换位到他人的位置,为他人着想,能对他人的处境感同身受。当客户抱怨服务时,要站在客户的角度想象,如果是自己遇到同样问题,是不是也会不爽,也会抱怨,这样才能理解客户的心情,想办法提升服务质量。

如果能够用换位思维去思考问题,将能更好地发现客户存在的需求和痛点,也能及时帮助他们解决这些痛点,拉近和他们的关系,让他们认可我们,追随我们,甚至黏上我们。

我以前换位思考能力较弱,喜欢戴着有色眼镜看人,经常会因为沟通不充分和他人产生冲突。但当我创业后,有了自己的团队,我发现要想让事业快速发展,得有一个高效协作的团队。此时我才意识到我得转换我的思维模式,培养我的换位思维。于是在和他人沟通时,我会先克制自己的情绪,换位到他人的角度,思考他为什么会有这样的观点,他为什么会这样处理问题,如果我处在他的立场,是否也会这样处理问题。自从我培养了换位思维,我发现和他人沟通变得越来越容易,而处理问题也越来越高效。

其实,看一个人的情商高不高,主要看他换位思考的能力强不强。情商低的人很多时候是同理心和换位思考能力不足,不能设身处地为他人着想,总是站在自己的角度和立场看问题。这时候难免会和他人发生争执。

如果想做好社交新零售,维系好与客户的关系,要做一个高情商的从业者,此时最需要具备的思维是换位思维。

如何培养换位思维?

（1）用理性判断，而不是感性

当客户的一些行为与你的价值观冲突时，承认不同，忌先入为主，不要急着做出评判。不要意气用事，或是以己为中心，而要理性地看待对方。先做出常规的思考，其次分析原因，并注意抓关键。

（2）全方位思考

所谓"当局者迷，旁观者清"。看别人往往很容易看出问题，看自己却看不清。你用精神世界中的你去看待现实世界中的你，这样就不会让自己带上主观情绪。也就是用第三者的角度来评判现实生活中的自己到底做的对不对，这个时候往往比较容易看清问题的真相。全面地分析自己，不要只是紧盯自己的对或者错。

（3）站到对方的立场看待问题

没有谁能百分之百地做到换位思考，但是可以无限地接近。接近对方的感受，理解对方的感受，给对方一些安慰。站到对方的立场，就是把各种客观条件、利益关系、认知的背景都放在自己身上，把自己变成另外一个人。

在此过程中可以不断在内心提问，更深入地了解他人对此事的看法，以及对方的思维逻辑甚至价值观。

（4）做一个敏锐的观察者

对我来说，观察生活、身边的人和事已经成为习惯，观察之后我会思考，进而更深地理解他人的行为和心理。当我成为一名观察者之后，我发现我可以快速从这些人和事上学到我要的东西，弥补我的不足，让我成为一个更优秀的人。最重要的是，我的换位思维变得更强大。

社交新零售从业者也要学会观察你的企业、项目、客户、合作伙伴，从中不断反思、总结，让自己成为一个通过换位思考可以快速达成目标的创业者。

（5）培养服务意识

你在日常的学习、工作和生活中设身处地为别人着想。将自己放在服务

第8章 社交新零售的未来：无尽的可能

者的角色上，理解对方的需求。一旦你有了服务意识，你在与客户、合作伙伴发生冲突时，会尽快控制自己的情绪，理解对方的需求，并想出一套彼此都能接受的解决方案。

8.4.3 本质思维：以不变应万变

吉利汽车掌门人李书福刚进入汽车行业时，记者问他怎么看汽车。他回答：汽车，不就是四个轮子和两排沙发吗？

李书福的这句话引起了众多业内人士的嘲讽："这真是个无知的疯子。"言下之意是，就凭你对汽车的理解，也配搞汽车业？

然而当李书福通过一系列成绩在汽车业站稳脚跟之后，之前的很多业内人士开始重新思考他之前说的那句"疯话"：其实，汽车，本来就是四个轮子和两排沙发。

四个轮子和两排沙发，就是汽车的本质。只不过随着科技的进步，四个轮子和两排沙发组成的汽车的外表一直在变，变得更安全、更舒适、更精致、更具科技感罢了。

那么，什么是本质？《新华字典》对它的解释是：事物本身所固有的、决定事物性质、面貌和发展的根本属性。我的理解是，本质是现象背后的底层逻辑。在稳定时代，我们需要重视行业方法论，而在变革时代，则需要重视行业的本质。

零售的本质，是连接"人"与"货"的"场"；新零售的本质，是更高效率的零售；社交新零售的本质，是更高效率的零售，更低成本的运营。

只有理解了社交新零售的本质，你才会知道，为什么社交新零售这一商业模式会吸引众多企业入局。这是因为借助社交新零售模式，可以用更低的成本获客拉新、裂变流量，降低企业运营的成本和风险。而未来，更高级的社交新零售，其提升零售效率、降低运营成本的本质不变，变化的只是提升零售效率、降低运营成本的方式、使用的工具。

8.4.4 进化思维：成为未来赢家

从猿人到原始人，从原始人到智人，从智人到现代人，人一直在不断进化。不光人的智力在进化，如果你认真研究人类历史，你会发现，人使用的工具也在不断进化，变得越来越高级和先进，科技也在不断迭代中。可见，进化才是永恒不变的主题。

人和人类社会如此，零售也是如此，它的进化从未停止过。

零售是随着时代、科技的发展不断发展、进化的。在这个世界上，只要有零售，便有新零售和更新的零售，但在人类灭亡之前，是不会出现最新的零售的。只不过，不同时代，新零售有着不同的诠释和代表。

站在时间的长河里看过去，你会发现，在过去几十年内，新零售每隔8~10年就会被重新提起和讨论，每次都会对当时的零售业态造成冲击，只是冲击的程度有所不同。

第一次，民营零售对国有零售的冲击。民营零售是计划经济时代的新零售。

第二次，连锁零售对单体零售的冲击。连锁零售是传统门店时代的新零售。

第三次，电商零售对线下零售的冲击。电商零售是互联网时代的新零售。

第四次，全渠道零售对电商零售的冲击。全渠道零售是移动互联网时代的新零售，也是马云、雷军不断提及的新零售。

第五次，社交新零售对全渠道零售的补充。社交新零售是对全渠道零售的有力补充，是社交时代的新零售。

随着新零售的进化，社交新零售也在进化中。不久的将来，社交新零售不再只是全渠道零售的补充，而会成为一种独立的主流商业模式。未来的社

第8章 社交新零售的未来：无尽的可能

交新零售，流量获取更加碎片化，零售业态更加智能化，社交方式更加多样化，社交购物更便捷。此外，随着5G时代来临、人工智能日益成熟、新科技层出不穷，在新科技、新工具的赋能下，社交新零售的进化速度在加快。你将1G到3G所花的时间及涌现出的新事物，与4G的出现及涌现出的新事物和新发明的量级一比较，便能很好理解这点。

正是因为零售、新零售、社交新零售一直处于不断进化中，所以很多零售业从业者（企业、商家）开始陷入对未来的焦虑中。焦虑是正常的，但如果想减少焦虑，最好的办法便是接受现实，提前布局未来。这时候，你最需要培养的思维便是进化思维。只有你不断进化自己的大脑、装备，你才能在未来到来之前未雨绸缪，有能力及时把握先机。

零售的进化,永不停止

新零售的发展是动态的。这是我写完本书、梳理出社交新零售的发展脉络之后得出的结论。

2016年10月马云提出"新零售"这一概念后,新零售发展迅猛,虽然"更高效率的零售"这一本质不变,但本身又融入了很多新的元素,比如智慧零售、智慧门店、智慧物流,还有就是社交新零售。这说明马云刚开始提出新零售时,很多想法还不完善,在通过盒马鲜生、天猫小店等新零售样板店实践新零售(向线下要流量)的过程中,马云以及阿里巴巴一直在不断思考新零售,想法更为成熟。因此,2017年发布的《阿里研究院新零售研究报告》中的新零售内涵变得更为丰富。

随着5G时代的到来、人工智能的发展,新零售还会融入更多新元素,变得更为成熟、智能、便民。新零售在动态发展的过程中与社交商业交融,演化出社交新零售这一产物。而社交新零售的发展同样也是动态的。

随着线上线下社交网络的发展,未来还会诞生出更多类似于微博、微信、抖音这样的现象级社交平台,届时社交商业也将更为成熟、丰富,更具商业活力,而其与日新月异的新零售必然还会碰撞出更多的智慧火花，发生更大的化学反应。这就意味着，社交新零售企业、从业者、研究者都需要与时俱进，及时升级自己的大脑以及社交新零售战略。我也不例外。我会持续跟进社交新零售的发展，跟踪某些社交新零售企业，并关注一些新崛起的社交新零售企业。

凡是过往，皆为序章。

在《新零售：低价高效的数据赋能之路》一书中，我的南京大学校友刘润老师提到，这个世界上，只要有零售，就有新零售和更新的零售，但是永远不会有最新的零售。进化，永不停止。

我想说的是，在新零售进化的路上，社交新零售也将不断迭代、进化，而且拥有无尽的可能。但两者的本质不变，即围绕着"人、货、场"实现更高效率的零售。

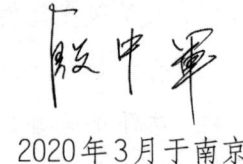

2020年3月于南京